繪本閱讀創造思考教學提升兒童語文創造力之研究

許碧珊 著

文史哲學集成
文史哲出版社印行

國家圖書館出版品預行編目資料

繪本閱讀創造思考教學提升兒童語文創造力
之研究 / 許碧珊著. -- 初版. -- 臺北市：文
史哲,民 97.04
　　頁:　公分. (文史哲學集成；544)
　ISBN 978-957-549-779-8 (平裝)

1. 繪本　2. 閱讀指導　3. 創造思考教學

523.31　　　　　　　　　　　　97006130

文 史 哲 學 集 成　　544

繪本閱讀創造思考教學提升
兒童語文創造力之研究

著　　者：許　　　碧　　　珊
出 版 者：文　史　哲　出　版　社
http://www.lapen.com.tw
登記證字號：行政院新聞局版臺業字五三三七號
發 行 人：彭　　　正　　　雄
發 行 所：文　史　哲　出　版　社
印 刷 者：文　史　哲　出　版　社
臺北市羅斯福路一段七十二巷四號
郵政劃撥帳號：一六一八○一七五
電話886-2-23511028・傳真886-2-23965656

實價新臺幣三○○元

中 華 民 國 九 十 七 年 （2008） 四 月 初 版

序

　　繪本是孩子最早接觸的文學讀物，它可以增長認知能力、增進語文學習、培養閱讀興趣、訓練創造想像、陶冶審美能力、豐富生活經驗等。優良的繪本創作者，往往能將其觀察及感受到的事物，巧妙的安排在簡潔的文字與豐富多變的插畫裡，不僅能讓兒童開啟其想像與思考的空間，並激勵其運用創造力解決書中呈現的問題與困境。因此，近年來國內各校園正在積極的推行閱讀活動，提供兒童們接觸各類兒童文學作品的機會，其中，圖文並茂的繪本，更是深受許多兒童所喜愛，不少教師們更樂於將繪本融入語文教學活動中，希望讓兒童們的學習內容更加繽紛多采。

　　有鑑於此，我開始著手構思與規畫繪本閱讀創造思考教學提升兒童語文創造力之研究，並有幸執行行政院國家科學委員會大專學生參與專題研究計畫，針對國小低年級（一、二年級）兒童進行每週二天、為期十六週的實驗教學。研究教學期間，非常感謝基隆市私立長春藤托兒所陳淑芬園長的鼎力協助與支持，使得實驗教學得以順利進行，特別是家長及天真活潑的學生們，更給了我最大的支持與鼓勵，由於他們熱情的參與及高度的配合，還有上課時熱切的回應與不斷給我的回饋，讓我在此研究中收穫豐盈。

　　本研究採取行動研究的模式，即希望於師生互動和學生

學習的過程中，透過不斷反省、修正與回饋的機制，探究繪本閱讀提升兒童語文創造力之成效、教師在研究歷程的專業成長與轉變以及教學歷程遭遇的困難與解決之道，希望能提供培養及發展兒童語文創造力教育的參考。

　　本研究得以順利完成，首先感謝多位創造力研究專精的專家學者，在研究歷程中，以專業的知識、正向的鼓勵與細心的指導，使我能帶領我的研究團隊不斷地學習與成長。

　　此外，有幸與經國管理暨健康學院幼兒保育系李涔崴與陳翠芳同學結緣，這段漫長的研究時光，一起共度、攜手奮鬥，不論是精神支持或文學領域的討論與建議，都令我倍覺寶貴。實驗教學期間，承蒙本校幼兒保育系的在職生們熱心提供寶貴的教學經驗與相關參考資料，並對本研究的課程設計，不吝提出許多具有參考價值的意見，在此也要向她們致上萬分謝意！

　　更要感謝我的父母及婆婆多年來的呵護，讓我無憂無慮地選擇與嘗試自己所喜歡的路，還有體貼入微、善解人意的外子德正的包容與支持，使我無後顧之憂，能有更多時間投入研究，還有我的寶貝女兒為誼、維玟每晚伴我撰寫文字的親子時光，謝謝妳們一齊與我大步邁向前。

　　這一路走來，各種滋味、記憶深刻，若說本研究有所貢獻，則要歸功於您們－我的師長、同學和同事，更願以此榮譽分享給我的父母與家人。

許碧珊謹誌於 97 年 3 月
經國管理暨健康學院

繪本閱讀創造思考教學提升
兒童語文創造力之研究

目　　次

第一章　緒　論

　　本研究旨在探究繪本閱讀創造思考教學對兒童語文創造力提昇之成效，並探討教師在繪本閱讀創造思考教學歷程中的角色、遭遇之困境與解決之道，及參與本研究之成長與轉變。

　　本章共分四節，首先說明研究背景與動機，接著闡明研究目的與問題，以及將重要名詞釋義，最後則提出研究之範圍與限制。

第一節　研究背景與動機

　　生活在這個快速變遷、溝通頻繁、訊息膨脹、尊重多元、分享合作和終生學習的生態環境中，所有的人必須具備：充實自我、學習如何吸收新知、不斷追求自我精進與終身學習的能力。這些能力亦即是學習解決問題的意願和能力、懂得運用各種策略、方法排除問題；而能夠熟練的運用組織文字和語言，適切的表達溝通能力，成為一切學習之根基。聯合國教科文組織在《學習 —— 財富孕育其中（learning:the treasure within）》一書中也特別提出這樣的呼籲：「未來的

文盲，不再是不識字的人，而是沒有學會怎麼學習的人。」

　　「我國知識經濟發展方案」中明確提出培育國民創新能力以提昇競爭力，而創新能力的培育，宜自幼童開始，因此教育部所頒佈實施之「國民中小學九年一貫課程」中也明白表示期望能培養學生「主動探索與研究能力」、「獨立思考與解決問題能力」。為順利推動創造力教育，創造力教育白皮書提出了六個先期行動方案：一、創意學子栽植列車。二、創意教師成長工程。三、創意學校總體營造。四、創意生活全民提案。五、創意智庫線上學習。六、創意學養持續紮根（教育部，2001）。足見未來在這知識經濟多元發展的時代，是相當需要具備有創造力的基礎，才能突破傳統的束縛，結合各項的研發，以達到貢獻社會的力量。

　　國小低年級階段的兒童,其創意大部份來自學習活動，不論是課堂上的教學或團體活動，皆有激發的功能，藉由各項活動可啟發他們潛能發展，訓練感官能力的調和發展，培養陌生環境的適應能力，進一步對週遭事物產生好奇與求知的慾望，老師也可以藉由學生的實際活動，鼓勵他們多去發現與思索以解決問題，即是一種創造能力。此時所產生的創意思想，只要適時的融入一些創造思考的觀念，一定能建構出更新更具創意的點子，也必能成為有用或具有參考價值的構想（黃幸美，1993）。文學作品一向扮演對孩子進行自然而潛移默化的教育角色（邱雅暖，1999）。其中圖畫繪本，是一種以圖像語言呈現的文學作品，適合兒童閱讀，可以增進口語表達、培養語言能力、拓展認知思考，和增進對藝術的敏

銳性並培養情感表達（林敏宜，2002）。

閱讀是認識和理解書寫文字內容的一個過程，其目的在於能辨認篇章中之詞彙，並理解全文所傳遞的訊息。藉由閱讀活動，學生可以培養文字知覺，增加語文輸入頻率，奠定語文基礎，提昇語文知識與技能。閱讀是學生學習的重要工具，也是獲得知識的主要技能，閱讀是一項重要的語言學習經驗，若要培養學生語文能力，大量而愉快的閱讀是必要的。

「……有計畫的引導閱讀、寫作，讓孩子逐漸的接受成長計畫，逐漸實踐計畫性的閱讀、寫作活動，是有必要的」（魏金財，2006）。單文經（2002）闡述教師若欲求教學創新，必須先掌握十二項教學基本原則，包括:一、營造良好班級氣氛；二、創造豐富學習機會；三、妥善安排班級各項教學活動；四、提示明確學習重點；五、完整紮實學習內容；六、智慧教學對話；七、充分練習應用；八、高度鷹架支持；九、教導學習策略；十、協同合作學習；十一、目標為本評量；十二、教師適度期望。教師在運用這些原則時，更應該注意:（一）要熟悉各種不同教學原則和學習活動，才能在適當時機，採用合宜教學方法；（二）在運用各種教學原則時，要配合學生需求與經驗，保持相當大的彈性；（三）上述十二項教學基本原則在實際應用時，應作整體考量，如此一來，才能使教學活動真正達到協助學生精熟學習的目標。

因此，以彈性、自主的繪本閱讀創造思考教學，打破時空限制，讓不同年齡、不同班別、不同生活經驗的兒童，互相交流，激發思考、想像、探索、改變，實攸關其終生學習

能力的養成，並進而影響國家未來整體創新與發明的潛力。

綜上所述，在國小低年級階段實施繪本閱讀創造思考教學以提昇兒童語文創造力是現階教育政策中重要的一環，為呼應教育部「創意台灣，全球佈局」之教育施政主軸，應當屏除以往傳統式的填鴨教導，使兒童能因著啟發沉浸在創造力的想像空間中；而繪本閱讀是最能啟發幼兒想像空間的工具，兒童們可因著對讀物的興趣，慢慢導入思考的創作中。因此本研究之目的乃是藉由繪本閱讀創造思考的欣賞，培養兒童語文創造力，使創造力能真正落實在教育中，期能為現今教育貢獻一點力量。

「繪本閱讀創造思考教學提升兒童語文創造力之研究」是根據教師實際職場上的經驗，發現兒童對圖畫書皆有濃厚興趣，進一步引導開啟閱讀之鎖，以延伸創造力為走向，運用創造思考教學策略及創意技法，使兒童對故事的內在涵義創造出獨特的想像空間，透過語文創作來呈現，促使兒童激盪出更多創作的思維，並提供未來兒童閱讀與文學創作教育實務上有助益的參考方向。

第二節　研究目的與問題

一、研究目的

（一）運用繪本閱讀創造思考教學提升兒童語文創造

力。

（二）透過行動研究的歷程，提升教師的專業知能並增進專業成長。

（三）探究繪本創造思考教學實施的困境與解決之道。

二、研究問題

依據上述研究目的，本研究探索的問題如下：

（一）教師如何運用創造力相關理論，設計繪本閱讀創造思考教學活動？

（二）教師在實施繪本閱讀創造思考教學中，可能遇到哪些問題？解決方式如何？

（三）在進行繪本閱讀創造思考教學歷程上，教師是否也有提升專業知能及專業成長的增進？

第三節　名詞釋義

一、繪　本

「繪本」又稱為圖畫書（picture books），顧名思義是一種以圖畫為主，文字為輔的書籍。這類書特別強調視覺傳達的效果，版面大而精美，插圖不僅具有輔助文字傳達功能，更能強調主題內容的表現（林敏宜，2002）。Huck 等人（1997）認為，圖畫書裡的插畫要能描繪每一頁畫面中不同的事物，

並且精確的表達文本的意思。蘇振明（2002）則以為，兒童圖畫書是為兒童閱讀所設計的精美畫本，這種圖畫書裡頭，每一頁或每一版面，皆以篇幅較多的圖畫和簡潔的文字相互配合，以便引發兒童閱讀的興趣。

二、創造思考教學

以創造思考教學的涵義與原則為基礎，融入創造思考教學策略，設計特定的教學活動，在和諧、自由及支持的情境下，鼓勵兒童勇於表達，以啟發兒童對圖片或事件進行思考，做合理的推想，合理的批判，也藉由同儕的不斷討論與辯證中，產生創新的概念，提升兒童創造思考能力。

三、語文創造力

本研究所指的語文創造力係為兒童在語文表達上的流暢能力、變通能力與獨創能力。

（一）流暢力（fluency）：流暢力指在很短的時間內產生大量構想的能力。

（二）變通力（flexibility）：變通力指思考反應的變化能力。

（三）獨創力（originality）：獨創力指能想出與眾不同或很少人能想到之反應的能力。

第四節　研究範圍與限制

一、研究範圍

（一）研究對象

本研究參與者的選擇，是以研究者指導的在職學生所任教之私立長春藤托兒所課後輔導機構內國小一、二年級全體學生共十三名為對象。

（二）選用教材

本研究使用之教材，係研究者針對故事內容可展現兒童語文創造力之變通力、流暢力及獨創力三種特質，並參考優良圖畫書評鑑指南，與配合兒童心智發展階段、語文理解能力、閱讀興趣，再與協同教師及兩名有繪本教學經驗的教師共同討論選定，包括：讓路給小鴨子、毛頭小鷹、小紅帽、長靴貓、睡不著的小老鼠、莎拉的柳樹。

二、研究限制

由於受限於人力、物力及時間等因素，在研究對象的選擇上，僅以教師所任教的私人課後輔導機構內國小一、二年級全體學生共十三名學生為主，樣本的代表性仍嫌不足。又由於受限於學生課業輔導需求，故繪本閱讀創造思考教學活

動僅進行每週二天的十六週實驗教學，對於學生在語文創造力方面的表現，是否皆受本教學活動實施後之影響，無法做長時間的觀察與追蹤。再者，研究結果只討論在本研究特定教學情境下的教學呈現，故本研究結果之類推範圍有其限制。

第二章　文獻探討

　　本研究旨在探討繪本閱讀創造思考教學提升兒童語文創造能力之表現，故本章首先對繪本的定義、特質與教育價值提出說明，接著再對創造力的定義和理論進行歸納，並蒐集與整理兒童創造力的特質及創造思考教學的涵義與原則，最後則是探討創造思考教學與閱讀理解的策略。

第一節　繪本的定義、特質與教育價值

一、繪本的定義

　　繪本的英文為「picture books」，在日本稱為「繪本」，是一種以圖畫為主，文字為輔，甚至是完全沒有文字、全是圖畫的書籍。目前常用的名詞有圖畫書、故事書、圖畫故事書以及兒童繪本等。Kiefer（1982）認為繪本是一種藝術品，它藉著連續數頁來傳達訊息，這訊息可完全以圖畫方式來呈現，也可透過文字與圖畫兩者之聯合來表達。郭麗玲（1991）認為繪本並不是有插畫的書，也不是簡易讀物；它不一定要

有文字，它是在畫中說故事的，是充滿童趣的兒童讀物。蘇振明（2002）將繪本的定義分成廣義與狹義兩種。廣義的定義：繪本為有繪畫的書，以圖畫為主，用來說明或介紹某種事物的書，例如產品目錄、圖鑑或漫畫書等。狹義的定義：繪本是專為兒童閱讀設計的精美畫本，每一頁或每一版以大幅的圖畫和一些簡單的文字相互配合，以便引發孩童觀賞的興趣，是誘導學童探訪知識寶庫的鑰匙。

　　繪本的主要閱讀對象是學齡前後階段的兒童，所以，圖像的表現除了要貼近兒童的世界，讓兒童得以「直覺」進入之外，圖像的美感呈現也是絲毫忽視不得（林真美，1999）。一本好的繪本的確可以描繪出抽象和隱形的概念與想法，諸如愛、責任、超越個體的真理，以及遁逃於簡單定義的圖畫和文字之想法（馬祥來，2000）。文字的時間是線性的，圖像通常是瞬間的某一刻，文字的空間是想像的，圖像的空間是實際畫面的呈現，兩者利用各種方式表現出特別的時間和空間，彼此相輔相成。繪本中的圖文關係應該是互相呼應的，該讓文字說話時就讓文字說話，應該讓圖象說話時就讓圖象說話，讓兩者都能發生最大的特性。因此，繪本應是圖畫書的同義詞，由畫家和作家合作完成或畫家獨立完成的手繪圖畫書，在形式上，展現多元的風貌，顯示出繪本的趣味性。在內容上，繪本主要由文字和圖畫所組成，有時，文字運用符號表現，有時，圖畫用圖像表示，有時是文字和圖像一起述說故事。只有文字或只有圖畫，都不足以說明繪本的故事內容，必須要圖文並茂，圖以輔文、文以佐圖，才足以清楚

的表達繪本的精神。

二、繪本的特質

　　一本優良的兒童繪本，在內容的設計上，不僅要考慮兒童的認知發展程度及其正向的教育價值，尚且要留意文字與圖片巧妙的安排，才能讓兒童在接觸繪本時，享受到閱讀的樂趣。邱琡雅（1996）、林敏宜（2002）、蘇振明（2002）、王淑娟（2003）認為繪本至少具備下列幾項特質：

（一）兒童性

　　繪本多為學齡或學齡前的兒童所設計，因此，必須考慮到兒童的身心發展，給予適齡、適性的內容與表現形式。文字方面應力求淺顯易懂，符合兒童理解程度，並以兒童關切的事物為題材，插圖方面，也應考慮兒童視覺心理的適應和表現，運用趣味、動態、具體、鮮明的造型特質，以吸引他們的興趣與注意力。

（二）傳達性

　　繪本兼具語文及視覺傳達兩種形式，文圖之間的關係應是相輔相成而非重疊的。文圖的相互配合，應使繪本得以產生整體感、連續性、節奏感與動態感，而達到「畫中有話，話中有畫」的傳達功效。

（三）教育性

所謂教育性，即是讓兒童藉由閱讀繪本，能得到豐富的知識，學會自我接納與認同，陶冶氣質，培養同理心，進而養成良好的生活習慣與態度，亦即使兒童能在認知、人格、道德、生活各方面獲得成長。

（四）藝術性

優良的繪本，應重視文字表現技巧，使用優美且適合兒童程度的文字、語言進行創作。插畫部分，則應於角色造形、構想、色彩運用、情境內容上，將「純粹繪畫」的美感特質，結合「美術設計」的傳達原理，配合文章內容，製作成「有條件、有目的的繪畫」。

（五）趣味性

具趣味性的繪本較能讓兒童產生持續閱讀的意願，而繪本的趣味性是展現在文字的幽默感、插畫的遊戲性、音樂性，及整體的設計和安排上，讓兒童在接觸繪本時，能從想像、創作及遊戲中獲得快樂。

三、繪本的教育價值

李連珠（1991）、郭麗玲（1991）、林敏宜（2002）、蘇振明（2002）、王淑娟（2003）認為，對年幼的兒童讀者來說，繪本具有其教育價值，茲歸納說明如下：

（一）增長認知學習

　　繪本的內容包羅萬，猶如百科全書般，內含各類常識，對於經驗有限和閱歷不多的兒童來說，藉由繪本可讓他們了解許多無法用言語表達的事物，並可提供各種觀察性、思考性、感受性與判斷性的學習經驗，來豐富學童的認知與想像。

（二）促進語言發展

　　學齡前、後的兒童可以從繪本中認識基本的單字、詞彙與會話，透過成人說故事，兒童更可直接學習成人的語氣、聲調，來豐富他們的詞彙。隨著年齡的增長，兒童也可從繪本的閱讀活動中，經由提問、與人討論、表達自己的想法之過程，逐漸提升其表達、溝通的能力。

（三）涵養審美素養

　　優美的繪本堪稱是繪畫與文學最佳品質的結合表現，因為它們大都具備簡淺的文字、調和的色彩及精美的印刷之特質。同時，它們也是一種陶冶兒童心性、創造視覺效果的藝術品，欣賞一本圖畫書，宛如看了一場美術展覽般收穫豐盈。讓孩童從小接觸充滿真、善、美意境的優良圖畫書，必能使其審美態度及審美能力獲得薰陶、滋養。

（四）擴展生活經驗

　　兒童的生活圈，大多只侷限在周遭的家人與朋友間，繪

本涵蓋許多豐富的主題，且取材多與兒童的生活經驗息息相關，透過閱讀內容多采多姿的繪本，兒童可以體驗到世間不同人、事、物之百態，無形中可以開拓其視野。同時，兒童在閱讀過程中，不僅能將書中內容和舊經驗產生聯結，並能從中建立相關的生活經驗、拓展新經驗，因而豐富了他們的生活經驗。

（五）強化社會適應力

現代兒童繪本的內容設計，不僅考慮到兒童自我成長與群我關係的互動需求，以達到心靈淨化、感情陶冶的作用，對於有些社會發展及人際關係欠佳的兒童，更可藉由閱讀活動進行角色扮演與價值澄清，來協助他們面對與克服障礙，讓兒童健全、快樂的成長。

（六）增進閱讀興趣

蘇振明（2002）曾經引述日本福音館館長松居直的話：如果要讓孩子不討厭書，進而愛書，最好的啟蒙書是圖畫書。透過親子、師生共讀繪本，成人可將其語言、情感、思想，毫不保留的傳遞給兒童，使兒童在無形中體驗到閱讀的樂趣，則兒童自然會樂於看書、聽書、討論書，且終身與書為友。

（七）培養創造思考能力

一本優質的繪本，可以透過書中人物、對話、情節等文

學要素，及傳達外顯和內隱意義的圖畫，激發兒童對周遭事物的好奇心。兒童欣賞文字簡明、插畫細膩的繪本，可以讓他們的想像力及創造力自由馳騁，超越時空、國界、語言、種族的界線，進而產生學習遷移的效果，奠定他們日後創造思考、解決問題的能力。

綜上所述，繪本無論在認知發展、價值觀、生活態度的養成、審美觀的培養等各方面，都對成長中的兒童具有正向的影響力。因此，教師可利用繪本，設計與生活經驗相結合的統整學習活動，相信不僅能引起學童更大的學習興趣，也能讓學習活動更多元、更符合兒童的需求。

第二節　創造力的定義與理論

一、創造力定義

創造力（creativity）是一個極為複雜的概念。「創造」（creative）這個字源自於拉丁文的 Creatus，意為「使之存在」（to bring into being）（林幸台，1998）。韋氏大字典則將「創造」（creative）解釋為有「賦予存在」（to bring into existence）的意思，具「無中生有」（make out of nothing）或「首創」（for the first time）的性質。詹志禹（2002）從知識演化的觀點看創造，認為創造就是變異與選擇的過程，變異就是獨創性的來源，而選擇就是有用性的來源。

　　而創造力與創造的關係又如何？根據 1988 年英語詞庫字典指出「創造力」為一種「超越傳統概念、規則、型態、關係，並能創造有意義的新概念、形式、方法、解釋等能力」。在張春興主編（1996）的「張氏心理學辭典」將「創造力」解釋為「在問題情境中超越既有經驗，突破習慣限制，形成嶄新觀念的心理歷程；以及不受成規限制而能靈活運用經驗以解決問題的超常能力」。

　　由於「創造力」是個複雜的假設性概念，不同學者們對「創造力」提出許多不同的見解，使得創造力的定義眾說紛紜。以下將分別從單向度與多向度的觀點來進一步闡釋創造力。

（一）單向度觀點

　　早期有關創造力的研究，不外乎從四個單向度的觀點來探討：歷程（process）（Davis,1986；Torrance,1988；Gallagher,1994）、個人（person）的特質（Guilford,1950；Dacey,1989；Feldhusen,1995；Oldham & Cummings,1996；Siau, 1995）、產品（product）（Hocevar,1981；Hennessey & Amabile,1988；Amabile,1997；Sternberg & Lubert, 1996；Howe，1997）、以及壓力（press）/環境（place）（Amabile, 1988；Amabile, Conti, Lazenby, & Herron, 1996；Mellou, 1996；Oldham & Cummings, 1996）。後來 Bronfenbrenner（1979）以生態系統理論（Ecological Systems Theory）來說明創造力，用以解釋人類創造力發展（引自 Berk,1994）。上述各單

向度觀點的創造力定義，整理如表 2-1。

表 2-1 單向度觀點的創造力定義

觀　　點	定　　義
歷程論者	「創造力」是自意念萌生之前至形成概念和整個階段。
個人特質論者	具「創造力」者擁有某些與眾不同的人格特質。
產品論者	「創造力」是產生獨特的、新奇的、適用的和有價值產品的能力。
壓力/環境論者	「創造力」的發展是「壓力或環境」引發或誘導下的產物。
生態系統論	「創造力」要能崁入原有知識的創意。

資料來源：本研究整理。

持「歷程論者」著重探究產生創造力的過程與階段，如 Gallagher（1994）根據 Wallas 所提出的「創造歷程四階段論」（準備期、醞釀期、豁朗期、驗證期），並進一步界定每個階段所應具備的思考運作和要素。「歷程論者」認為創造是一種心理的歷程，對於個人創造出新的想法或實際物品，抑或是重新組合已存在的想法或實品，就稱之為創造。

「個人特質論者」視創造力與人格特質有關，多著重於對具有創造性的人進行人格特質的探究，了解高創造力者應具備的人格特質或者是高創造力者和低創造力者的人格特質有何不同？有關這方面的研究相當多，然而由於研究對象及所用工具和技術不同，使得結果並不盡相同。例如 Kneller（1965）綜合各家有關創造力人格的特質，提出具有創造力者其人格特質為中等以上的智力、覺察力、流暢力、變通力、精密力、懷疑、堅毅力、遊戲力、幽默感、非依從性、自信心等十二項（引自賈馥茗，1979）。又如 Sternberg 和 Lubart

（1995）也認為構成創造力所需的人格特質包括：1.面對障礙時的堅持；2.願意冒合理的風險；3.願意成長；4.對曖昧不明的容忍；5.接受新經驗；6.對自己有信心。

　　「產品論者」主要是針對界定產品或作品創造力的標準。例如 Perkins（1988）認為創造力應包含下列兩層意義：1.創造力的結果應是獨創與適當的；2.一個具有創造力的人是不斷產生例行創造力結果的人；而 Sternberg 和 Lubart（1995）則指出「創造力」乃是產生新穎（新奇）、適當與有品質產品的能力。「產品論者」的論點是以產品、結果或成果來判斷個人的創造力。

　　「壓力/環境論者」乃著重在了解壓力或環境對創造力表現的影響。例如：Mellou（1996）指出創造力能否自由展現，需要來自於環境的刺激，如同儕的接觸、父母的同意與接觸、以及足夠的時間與空間。Oldham 和 Cummings（1996）發現處於複雜性及挑戰性工作情境，以及主管抱支持態度的員工，最能產生富有創造力的產品。「壓力/環境論者」認為創造力應是每一個人都具有的「本能」，但常被埋沒在心理防衛的層面之下，惟有提供給個體心理安全與自由的環境，才能促使這種能力由心理防衛層面之下再度出現。

　　至於「生態系統論者」則認為個體務必要學會領域中的規則與內涵，以及學門選擇的標準和偏好。換言之，在各領域中，未能內化領域內的基本知識前，不可能有什麼創造性的貢獻。例如 Cskszentimihalyi（1999）以生態系統觀點指出有成就創造性貢獻的人，不只會在小系統內努力，也一定得

在內心複製該體系。

（二）多向度觀點

　　近年來，學者們都強調由多向度及動態發展的互動角度來探究創造力（Lubart & Getz, 1997； Runco, 1996；Runco & Walberg, 1998），許多學者也紛紛提出創造力理論或模式，如 Amabile（1983）就認為「創造力」的表現就是經過專家評定為有創意反應或工作的產出，而這種產出乃是「領域相關技能」、「創造力相關技能」和「內在動機」三者互動的結果；郭有遹（1989）也認為「創造力」是個體或群體生生不息的轉變過程，以及智、情、意三者前所未有的表現。其表現結果使自己、團體或該創造的領域進入更為高層的轉變時代；Csikszentmihalyi（1990）則指出「創造力」乃是「個人」、「領域」和「學門」互動的結果；Gardner（1993）的互動觀點（interactive perspective）；Sternberg 與 Lubart（1996）的投資理論（investment theory）；葉玉珠（2000）認為「創造力」乃是個體在特定領域中，產生一個在其所處的社會文化脈絡中具有「原創性」與「價值性」產品的歷程；亦即創造性產品乃為「個人的知識」（含經驗）、「意向」（含態度、傾向、動機、承諾）、「技巧/策略」與「環境」互動的結果。

　　綜上所述，學者們對創造力的定義已由單向度趨向多向度，由個人到社會文化，從單純的認知能力到兼重情意變項。

二、創造力理論

　　由於創造力是個複雜的心理構念，所以學者們皆致力於提出一套理論來周延地闡釋創造力，也因而衍生出許多不同理論。表 2-2 為簡楚瑛、陳淑芳、黃譯瑩（2001）整理各理論派典對創造力的相關論述與其所代表的學者。

表 2-2　創造力的各種理論與觀點

理　論　別	代表學者	對創造力的看法或解釋
心理分析學派 （Psychoanalytic）	Sigmund Freud Ernst Kris Lawrence Kubie	創造力被視為潛意或前意識的釋放作用。Kris 認為當前意識和潛意識中的內容進入了意識層時，創造力才會產生。
完形心理學派 （Gestalt）	Max Wertheimer Wolfgang Khler	完形心理學派對於創造力的理論，主要包括經驗的重整或事物的改進，知覺的趨合現象和頓悟等三方面，完形學派以生產性思考和問題解決來表示一般人所稱之創造思考。
聯結論 （Association）	Sarnoff Mednick	Mednick 認為創造力乃是創造者為特殊需要或有用的目的將可聯結的要素加以結合而成新關係的能力，而且受到個人的經驗條件、認知型態所影響。
概念論 （Perceptual）	Ernest Schachtel	有了概念，人類可以透過分析和綜合的方法繼續產生新的概念，也就可以繼續創造新的理論，方法、技術，或新事物，因此，當能夠知覺特定事物的原理，且能發現各特定

		事物間的共同屬性及其關係，便可以創造新的觀念。
人文心理學派（Humanistic）	Carl Rogers Abraham Maslow	特別重視創造者的人格特質，認為一個具有創造潛能的人，若無創造的意願，其創造力乃無法表現。Maslow 特別強調自我實現與創造力的關係，他主張自我實現式的創造力是源於人格而且表現在日常生活中。人文主義者認為每一個人都具有創造之潛能，然唯透過自我實現才得以發揮。人文主義者也認為創造是個體與環境之間一種有益交互作用之結果。
認知－發展論（Cognitive-developmental）	David Feldman	認知心理學派強調創造力乃是一種認知的、理性的作用。尤其在解決科學問題時，常常要以智力作基礎，運用邏輯思考的方法，達到創造性解決問題的目的。這種創造力的形成，也和智力一樣，隨著智能的成熟和創造思考的訓練、創造態度的培養而逐漸發展出來。
心理計量論	Guilford Torrance	心理計量論者認為創造力是一種心理作用的歷程，可以從測驗的結果看出其表現。
互動論	Golton Guilford	主張創造的活動不是單純的個人事件，而是個人因素、情境困素、和社會環境互動的結果。互動理論提出互動模式抱括前因事件、認知因素、人格特、情境與社會因表等。

		Guilford所提出的三維智力結構模式,視創造力為擴散思考與思考內容、思考結果等三層面交互作用的結果。
綜合論	Clark Amabile Sternberg & Lubart	綜合理論主要是認為創造力的理論不是單一的,而是多元的,創造力有時是一種理性的表現,有時是非理性的表現,需要智能的基礎,也需要有知覺、認知、聯想、趨合和符號化、概念化的能力,更需要有創造性的人格特質和環境(毛連塭,1995)。 Clark 提出創造力的統合模式(the Integrative Model),的「創造力環」理論認為創造力乃是直覺、情意、感覺、和思考等功能的統合作用。 Amabile 的創造因素論認為創造力是人格特質、認知能力和社會環境的綜合,且需特殊領域技能(doman-relevant skills)、創造力關聯技能(Creativity-relevant skills)及工作動機(task motivation)等三面整合運作才能產生創造性的成果。 Sternberg & Lubart 提出的創造力投資理論,試圖從投資的觀點探討創造力,強調創造力是心智運作過程、知識、認知風格、人格特質、動機、環境脈絡六者交互作用的結果。

資料來源：簡楚瑛、陳淑芳、黃譯瑩（2001）。教育部「創造
力教育白皮書」子計畫一「幼兒教育創造力教育
政策規劃」。

　　儘管已有這麼多的創造力理論與模式的提出，但鮮少是
針對兒童所提出的。簡楚瑛、陳淑芳（2003）認為兒童創造
力為透過與環境的互動中，兒童有意圖應用自己的經驗及知
識，試圖解決問題所展現的創意行為表現。李梅齡（2004）
則從葉玉珠（2000）所提出創造力發展生態系統模式來看兒
童創造力，認為兒童創造力是一種複雜且具多樣態的概念，
是個體以其後天學習的知識及先天的智能為基石（小系統），
在與學校及家庭等中系統中互相的激盪下，累積各種不同的
生活經驗，並且善用這些獨特的生活經驗，經由觀察力及想
像力來進行創造，而其創造的表現可展現於動作、言語及思
維等各方面，而所創造出的產品並沒所謂的優劣存在，都是
個體獨特的創意表現。

第三節　兒童創造力的特質

　　從許多高創造力的科學家、藝術家、哲學家的傳記中，
可以發現他們在兒童時代即表現了優異的創造思考能力。愛
迪生十歲時，就開始他的發明工作，畢生共有七百多項發明。
瑞典約翰・艾瑞克森（John Ericsson）在他九歲時，就發現
了扭轉螺旋翼的原理，十三歲就被指定指揮一項六百人的工

作。歌德在六歲時安排戲劇，並在一個小型舞台上表演，八歲前已經顯示出寫詩的特殊興趣。兒童的創造力是與生俱來的，更具體的來說，每個孩子都有創造的可能性或潛質，如果在其成長的階段，能提供嘗試、運用創造力的機會，那麼未來在創造力的發揮上將遠比幼時沒有這種機會的人來得容易得多（簡楚瑛等，2001）。

李德高（1992）研究父母及學前教師觀察兒童日常生活活動類型與遊戲的變化，發現具創造力的兒童一般都具有以下特質：天生喜歡創造、興趣的驅使、觀察力敏銳、對事物的結果喜歡求證、常具有新奇的點子、好奇心、原始的想法與觀念、具有堅強的毅力、超人的記憶、想像力的創造、喜歡分所組合、有孤獨的怪癖、充沛的精力、多才多藝的特徵、字彙多、具有審美的能力、抽象思考的能力、善於運用各種符號、喜歡排列組合的遊戲、注意力持久、具閱讀習慣。

董奇（1995）在其研究中認為兒童創造力具有下列的特質：

一、兒童的創造力是持續發展的歷程

兒童創造力是不斷發展變化的，隨著身心發展的變化到不斷累積的生活中經驗，使得兒童創造力的發揮隨處可見，並具有獨特性，隨著自我控制能力的增長及能達到感覺統合，使得兒童的精進力及獨創性得以增強，並能從漫無目的的創造到特定目標。兒童的創造力不像成人的創造力已經基本定型、變化幅度不大。反而，隨著兒童年齡的不斷增長，

兒童的心理發展漸趨成熟、社會規範的習得、個性的形成、知識和經驗的豐富都會使兒童的創造力發生相應的變化。

二、兒童的創造力較為簡單、低層級

兒童仍有自我中心、直接推理等限制，並不能進行抽象邏輯性的思考，加上累積的相關經驗和知識也較少，所以兒童大多只進行直觀的、具體的、形象的、缺乏嚴密性和邏輯性的創造，並帶有脫離現實、誇張的成份，不符合邏輯規範和規則。簡言之，兒童的創造力的表現較簡單、低層級，不具有社會價值和實用的標準。

三、兒童創造力自發性較強，針對性較差，表現範圍廣泛

兒童對周遭事物常充滿好奇心及濃厚的興趣，凡事都急於想要嘗試，並且總是用他們自己的方式去行動，因此容易在所從事的全部活動中發現其創意的表現。而在成人的創造活動中，創造的目的性十分突出，創造的問題、任務和要求都非常明確，整個創造活動是在創造個體的自我控制和意志努力下進行的。

四、兒童創造力主要表現為創造性想像

幾乎所有的創造活動都缺少不了創造性想像，創造性想像和創造性思考被稱為創造力的兩大支柱。倘若仔細留意觀察身邊兒童，不難發現兒童常對日常生活週遭的無生命物品

予以擬人化，或者常喃喃自語陷入自我對話的情境中，從而進行無限的聯想及想像，讓想法任意馳騁，經由想像兒童能創造出不同的情境，所以兒童的創造力其實是脫離不了創造性的想像，藉由想像使兒童創造力得以精進。

　　然而在兒童創造力的研究方面，卻少有對語文創造力深入探討著墨。事實上，在九年一貫課程中七大領域的學習中，語文能力已被視為其他領域學習的基礎，甚至可以影響個人其他領域的學習成效。許多研究發現，學童是因為語文的學習有障礙，因而導致數學、自然等其他領域的學習也出現困境（林秀桂，2002；許寶蓮，2002；莊美珍，2002）。語文學習是一切學習的必備基礎，往往影響終身學習的能力與態度，同時語文學習也是人類發展高度認知技能、思考運作與人際溝通的工具。語文學習與生活息息相關，學習者可選擇自己最適合、最有效的方式，形成有意義的學習。

第四節　創造思考教學的涵義與原則

　　根據張玉成看法，認為創造思考是超越吸收、保留層次的能力。並提出以下的兩個看法（張玉成，1999）：

　　1.創造性思考屬於高層次認知歷程。

　　2.創造思考的運作過程貴能求新求變。

　　創造思考不是妄想，須以知識經驗為基礎。認知性的教育目標可分為知識、理解、應用、分析、綜合、評鑑六類。

而創造性思考應屬於其中的綜合能力；又基爾福提出智能結構，其中運作型態的面向，他將其區分為五類，分別是認知作用、記憶作用、擴散性思考歷程、聚斂性思考歷程、評鑑性作用。而擴散性思考歷程則與創造性思考最為接近。

至於創造思考可否透過教育訓練以養成？de Bono 認為了解創意過程的根本，就在於了解心智處理資料的方法，只要不斷的練習，毋需特別努力，水平思考自然而然就可以成為日常思考的一部分（引自蕭富元，1999）。近年來，中西方已有多位學者進行實驗，證實創造思考能力可透過教導而增進。

一、創造思考教學的涵義

從培養人才的觀點來說，創造思考教學是為了培養創意人才的教學；從開發人的能力的觀點來說，創造思考教學是開發人的創造思考能力的教學；從解決問題的觀點來說，創造思考教學是培養一個人，面對問題時能以有創造性的方式去解決問題的教學（陳龍安，朱湘吉，1993）。若從創造思考教學範圍論，創造思考教學是一種開放性、啟發性的教學，並不侷限於某一特定學科。其目標內涵計有下列四個面向（張玉成，2001）：

（一）增進學生創造力發展所需的認知性基本能力：即五個要素 —— 流暢性、變通性、獨特性、精進化、敏覺性。

（二）培養學生是有利於創造力發展的心理態度 —— 好奇心、冒險性、不怕艱難、樂於想像。

（三）減少或去除學生不利於創造力發展的心理態度 ── 例如：盲從、完美觀念過濃，而怯於表現、羞言效益等。

（四）熟悉促進創意產生的思考策略 ── 例如：精熟奔馳（SCAMPER）、腦力激盪、六頂思考帽、分合法等思考策略。

二、創造思考教學的原則

美國學者 Feldhusen 和 Treffinger（1980）提出十點原則供創造思考教學參考：

（一）支持並鼓勵學生不平凡的想法和回答

Chamber（1973）認為不採納不同意見的教師以及 Torrance（1962）認為立即批判都會抑制兒童創造力的展現（引自毛連塭等人，2000）。教師應該營造出自由開放回答的環境，多鼓勵學生思考並回答，當學生提出獨特意見或想法時，不給予批判，並多給予鼓勵與支持，促使學生勇於表達，塑造熱烈討論氣氛，才可激盪出更為新穎的點子出來。

（二）接納學生的錯誤及失敗

教師能在兒童犯錯時，適時地協助兒童瞭解自己的錯誤，並在充份支持的氛圍下，告知可接受的標準，讓兒童能從錯誤中獲取經驗及學習機會，才可以不怕錯誤，勇於嘗試創新。因此，教師應盡量避免過度責備與處罰，而增加兒童學習上的挫折感，也易使兒童喪失克服困難的信心與勇氣。

（三）適應學生的個別差異

Anderson（1968）和 Fromm（1898）認為允許個別差異、滿足學生嗜好這兩個情意因素可助長創造力的展現（引自毛連塭等人，2000）。因此，教師宜根據兒童個別差異彈性調整教學設計，尊重兒童的興趣與想法，使其依自己潛能與能力進行發揮，避免給予壓力，勿做嚴謹、一致的要求。教師也應尊重兒童的選擇，並鼓勵兒童從事獨立的學習。

（四）允許學生有時間思考

創造思考需要一段時間來重組先前舊經驗而醞釀出新的產物。因此，教師應在課堂上給予兒童充分思考與回答問題的時間，並且盡量提供並營造一些激發兒童創意的情境，善用各種教學媒體，如實物、標本、圖片……等，配合適當發問技巧，給予充分時間思考，定能啟發兒童之創意發展。

（五）促進師生間、同學間，相互尊重和接納的氣氛

良好的學習氣氛是奠定教學成功的基礎，教師可於教學時透過多樣化的教學以及事先暖身活動，促進教室互相尊重與接納的和諧氣氛，而其主要關鍵在於對於他人的意見先不給予價值的批判。

（六）察覺創造力的多層面

　　創造力表現也需重視情意方面，例如：好奇心、冒險性、挑戰性以及想像力等表現。另外，在學習時也需要多種感覺（視覺、聽覺、觸覺、動作等…）來輔助學習。創造力的展現也可以多元化的方式進行，例如角色扮演、故事、作品、繪畫等。

（七）鼓勵正課以外的體驗學習活動

　　教師應安排並給予兒童機會嘗試新的體驗，對於有興趣的事物進一步的研究。課餘時間或假日時，多鼓勵父母引導兒童多接觸生活周遭許多事物，隨時發問，學習更多事物，獲得更多的新知。

（八）傾聽及與學生打成一片

　　營造和諧良好的師生關係，是教學成功的第一要素，教師應敞開心胸、接納學生反應，共同討論、互動，達到教學相長的效益。

（九）讓學生有機會成為決定的一份子

　　鼓勵兒童提議或發動一些教學活動，並盡量採用兒童的意見，鼓勵他們自我做決定，可使其感受到被重視與尊重，並培養其責任感。

（十）鼓勵每個學生都參加

　　創造力教學應以兒童為中心，因此教師要多鼓勵每位兒

童都加入，不論是班級或小組討論、分組競賽到個人獨自學習，都要求兒童參與其中，培養其責任感及參與感。

　　因此，在語文領域創造力教學中，教師不僅需營造出民主、和諧、尊重與支持的學習的環境與教學的氣氛，還需多鼓勵學生參與、發表、探索與體驗，重視並採納兒童不同獨特的意見與想法，不加以評斷並且能分享兒童創造的喜悅，進一步鼓勵兒童養成獨立學習的習慣。

第五節　創造思考教學的策略

　　教師在教導創造力的過程中，應善用各種創意策略、靈活運用，除能引發學生參與動機，亦可起示範作用。教師對於創造思考教學策略的熟悉，是實施創造思考教學必備能力。以下擬對幾項常用的創造思考教學策略加以探討：

一、腦力激盪法（Brainstorming）

　　係由美國奧斯朋（Osborn）博士於一九三八年所創始，是指每個人運用其腦力，作創造性的思考，激盪思緒，以求得解決某一個問題的方法。其實此方式可為集體思考，亦可以個別思考實施（郭有遹，1989）。腦力激盪法分二大原理：（一）延遲判斷；（二）量中求質。四大規則：（一）禁止批評：不做任何優缺點的評斷；（二）歡迎自由運轉、異想天開：主意越奇越好，不做任何限制，但要自我控制，不說廢話；（三）

觀念愈多愈好：意見越多，得到最佳的解難方案的可能性亦
越高；（四）尋求觀念之組合與改進：鼓勵發表及交流意見，
巧妙地善用與改進別人的意見使成為自己的構想
（Osborn,1956; Stein,1974）。此法強調集體思考的方法，著
重互相激發思考，鼓勵參加者於指定時間內，和不同專長的
人，構想出大量的意念，並從中引發新穎的構思。當創造思
考腦力激盪進行時，若參與者均能將他人構想擴大、精緻化，
事實上這個概念的「利潤」將更提升。

二、創造性問題解決法（CPS）

創造性問題解決法由 Parnes 在 1953 提出。係以系統的
方法來解決問題，其步驟為：（一）發現事實；（二）發現問
題；（三）發現構想；（四）發現解決方法；（五）接受發現的
解決方法。

三、分合法（類推比擬法）

分合法（Synectics）是 Gordon 在 1956 年提出。Gordon
提出四個重要觀點（引自 Joyce ＆ Weil,2000）：（一）日
常活動中創造力也是很重要的；（二）所有領域的創造發明
均是相似的；（三）創造歷程非全然神秘不可測的，是可以
被描述，並可透過直接訓練個人來增進創造力；（四）個人
與團體的創造思考是相似的。

四、創意寫作策略

創意寫作策略由林建平在 1989 年所提出，藉由角色想像法、幽默趣談法、強力組合法、團體接力法、照樣造句法、類推比喻法、感官並用法、概念具體法、虛構情節法、旁敲側擊法、圖片聯想法、語文遊戲法、創意標題法、文章改寫法、假設想像法、巧思奇想法、激發探索法、虛構情節法、超越時空法等（引自游建弘，2002）。

五、奔馳思考策略（SCAMPER）

奔馳法（SCAMPER）是由 Eberle （1971, 1982）參考了 Osborn 的檢核表，提出另一種名為「奔馳法」的檢核表法，這種檢核表常被應用在產品改良上，奔馳（SCAMPER）代表七種改進或改變的方向，幫助推敲出新的構想，是由以下幾個字的字母開頭所組成：（一）取代〈Substituted〉：何物可被「取代」？誰可以取代？（二）結合〈Combined〉：可與何物「結合」而成為一體？（三）調整〈Adapt〉：是否能「適應」、「調整」？有沒有不協調的地方？（四）修改〈Modify〉：可否改變原物的某些特質如意義、顏色、聲音、形式等？（五）使用〈Put to other uses〉：可有「其他」非傳統的用途？使用新方法？（六）取消〈Eliminate〉：可否「除去」？可否濃縮、精緻？（七）重新安排〈Rearrange〉：可否「重新安排」原物的排序？ 重組計畫？我們可用『代合調改用消排』七個單字作代號，以利於記熟這七種改良原

物的方法（毛連塭等人，2000）。

六、六 W 檢討法

六ｗ檢討法是對一種現行的辦法或現有的產品，從六個角度來檢討問題的合理性。消極方面，它可以指出缺點之所在，積極方面，則可以擴大產品的效用（陳龍安、朱湘吉，1993）。這六個問題如下所列：（一）為什麼（Why）；（二）做什麼（What）；（三）何人（Who）；（四）何時（When）；（五）何地（Where）；（六）如何（How）。 從六個角度—why、what、who、when、where、how 訓練深入的思考（毛連塭、郭有遹、陳龍安、林幸台，2000）。

七、自由聯想法（Free Association）

由教師提供一個刺激，讓學生以不同方式自由反應，學生可由其所學過的知識，或所經歷過的經驗中，運用聯想的技巧，去尋找並建立事物間新而富有意義的聯結關係（陳龍安，1999）。因此，所謂「自由聯想」就是讓學生依自己的經驗或舊知識，將教師所提供的刺激，不斷地作嶄新且有意義的聯結。對於學生所提出的想法，教師應不要很快就下評論，要多鼓勵學生多去發揮想像，以使其提出更多獨特的想法。

八、創造性問題解決策略
（Creative Problem Solving, C.P.S）

CPS 為創造性問題解決，由美國學者帕尼斯（Parnes,

1967）所發展出來的，利用系統的思考方法來解決問題，特別強調問題解決者在選擇或執行解決方案之前，應儘管想出各種及多樣化的可能方法。（Isaksen ,Dorval, Treffinger, 1994）。此策略有（一）亂中尋緒；（二）資料搜尋；（三）發現問題；（四）尋求構想；（五）發現解答；（六）尋求接受等六個步驟各有擴散性思考階段與聚斂性思考階段。

九、六六討論法（Phillips 66 Technique）

六六討論法是以腦力激盪法作基礎的團體式討論法。方法是將大團體分為六人一組，只進行六分鐘的小組討論，每人一分鐘。然後再回到大團體中分享及作最終的評估（陳龍安，1999）。進行的方法與程序為：（一）每組先定立討論主題；（二）選出一位組員當主席、另一位當計時員；（三）每位組員均需輪流圍繞主題發言，以一分鐘為限，其他組員則需留心發言者的內容，待所有成員發言後，作出提問；（四）每位發言者需盡用一分鐘來發表己見，但不能超時，時限一到，計時員則要求未完成發表的組員立即停止發言；（五）歸納結論，並推選一位發言人，代表全組彙報；（六）向全班報告及分享討論結果。此法的特點在於讓每位參與者均有發表意見的機會，故可培訓參加者即時作回應的能力。

十、心智圖法（Mind Mapping）

心智圖法（Mind Mapping）是一種以擴散思考的方式組織不同的想法、觀念、激盪創意、改善記憶力和想像力的心

至繪圖技術（羅玲妃譯，1997，引自毛連塭等人，2000）。此法主要採用圖誌式的概念，以線條、圖形、符號、顏色、文字、數字等各樣方式，將意念和訊息快速地以上述各種方式摘要下來，成為一幅心智圖（Mind Map）。結構上，具備開放性及系統性的特點，讓使用者能自由地激發擴散性思維，發揮聯想力，又能有層次地將各類想法組織起來，以刺激大腦作出各方面的反應，從而得以發揮全腦思考的多元化功能。參考步驟如下：（一）首先定出一個主題；（二）在白紙上繪一個圓形或其他圖形，把主題寫在中心，可以利用彩色將主題突顯；（三）然後在中心點引出支線，把任何有關這主題的觀點或資料寫上；（四）如果想到一些觀點是與之前已有的支線論點類似，便在原有的支線上再分出小支線；（五）不同或不能歸類的論點，則可給它另引一條支線；（六）學生可以隨便開支線，想到什麼就記在圖上；（七）用一句簡短文字或符號記錄每一支線上的分題；（八）最後整理資料，在不同的論點支線旁邊用方格把它們歸類。

　　兒童創造力發展與兒童整個心理各方面的發展密不可分，而創造性活動的表現在嬰幼兒時期便已開始，在小學時期仍持續著不同的表現活動（詹志禹，2002）。所以在活動中，可以常見其發揮不可思議、奇妙的想像力與創造力。陳淑惠（1996）研究顯示：愈有生活經驗的中、小學生，其圖形及語文創造力皆高，不同年齡學生擁有的創意生活經驗是不同的。此外，國內也有相當多以孩童為研究對象的研究顯示出創造思考教學可以增進孩童之創造力（陳龍安，1999）。

　　綜合論之，創造思考教學重點在於強調教導學生思考上的彈性運用，基本上在採用教學模式時，就應有較大的彈性空間，不必刻意遷就某一種模式。因此在本研究中，研究者認為應搭配繪本閱讀材料，酌量選用合適的創造思考教學策略。

第六節、閱讀理解的策略

　　閱讀是蒐集與儲存資訊最基本而踏實的方法，早期閱讀習慣的培養有助於日後的學習，更深深影響一生的成功。前教育部長曾志朗曾說：「閱讀幫助兒童把書本上別人的經驗內化成他自己的知識，這個知識又幫助他吸收更多的知識，就像爬螺旋梯一樣，在不知不覺中，兒童就爬到了頂端。當他到了頂端時，他的視野就不一樣了，他可以遠眺，可以俯視大地，這時他的理解、他的境界就與底下的人分出高下了。」

　　當兒童從事閱讀理解時，須有相當的策略幫助他/她建構自己的意義，因此有效的閱讀理解策略可協助進行一場兼具效能與效率的理解過程。許多學者都針對閱讀理解提出學習策略：

一、Ross（1976）的閱讀理解策略

　　（一）引導式的閱讀：透過團體理解過程，讓閱讀者對故事事件先做預測，再行閱讀與摘要，最後進行證實或修正

預測。

　　（二）問與答關係：此法主要是協助學生分析問題、文章、讀者本身的知識，三者間存在的關係。

二、Cook 和 Mayer（1983）的閱讀理解策略

　　Cook 和 Mayer 將閱讀的策略區分為兩種，一種是從閱讀者著手的策略，例如做筆記、標示；另一種是從內容著手策略，像回答附加問題。

　　綜上可知，每位提出閱讀理解策略的學者，其所採用的策略均非單一性，而是多種策略同時兼具的。而閱讀理解策略亦同時存在於閱讀前、閱讀進行中與閱讀後的監控理解。運用閱讀理解策略的目的，乃在幫助讀者做預測、引導注意、產生文章的內在理解與外在理解、並能適時適度的修正閱讀者自己的閱讀策略，幫助閱讀者做更有效的閱讀。

　　對於兒童而言，閱讀包含了圖與文的閱讀，一本製作良好的讀物須同時兼重圖與文，以能引導其進入故事的情境，同時又能產生自己對故事內容的思考與詮釋，加上適宜的討論與分享，將能帶領兒童進入創造思考的國度之中（鐘敏華，2004）。因此，藉由繪本閱讀，我們能培養兒童思考與解決問題的能力，透過繪本活潑、生動的人物和情節，提供各式的間接經驗，啟發兒童的思考、想像能力，進而增進語文的學習能力。

第三章　研究方法與步驟

本章主要目的在說明本研究的方法與步驟，全文共分七節，第一節是研究對象，第二節是研究方法，第三節是研究步驟，第四節是研究使用的教材，第五節是研究工具，第六節是資料蒐集與分析，第七節是研究之信效度。

第一節　研究對象

本研究對象是以研究者所指導之在職學生所任教之私立長春藤托兒所課後輔導機構內國小一、二年級學生共十三名。

第二節　研究方法

本研究是在特定情境下實施，研究過程中結合了「行動」及「研究」，故採用行動研究法進行，經由不斷地內省與自我轉化，修正行動策略，以促成實際問題的解決為導向。本節

旨在說明行動研究的意義、歷程及特徵。

一、行動研究的意義

　　行動研究（action research）是將行動研究與研究合而為一，即由實務工作者在實際工作情境當中，依據自身的實務活動過程時所遇到的實際問題進行研究，研擬問題解決策略、途徑與方法，並且透過實際行動確實執行，再進行加以評鑑反省回饋修正，以解決實際問題（蔡清田，2000）。行動研究強調的是實務工作者針對自己專業上的需求而進行的研究，在其研究的過程中不僅重視問題的解決和行動的培養，更重視批判、反省與思考的能力，為建立實務理論與實踐，努力縮短理論和實務間的差距。

　　教育行動研究關切教師「實踐智慧」的內化與產生，從行動、觀察、省思與詮譯、再次行動等的循環歷程是教育行動研究的核心（陳惠邦，1998）。教育行動研究室教學的一種形式，它融於教學活動中，而非教學活動之外。

二、行動研究的歷程

　　依據 somekh 的論點，行動研究進行過程可分成四個階段（引自陳惠邦，1998）：

　　（一）尋找問題或研究的開始：研究者透過老師與同儕之間的討論、互動，閱讀其他研究者的行動研究報告，分析或閱讀相關的文獻著作等，都可以提供研究者思考的基礎；從研究者的自我省思所尋找想研究的問題。

　　（二）澄清情境：此涵蓋「實際探究」與「分析蒐集的資料」這兩部份。研究者在平日的教學工作經驗裡就有一套自己收集資料與分析資料的方法，可以探討研究教育現象或遇到問題時，藉著此依系統或合乎「研究」精神的方式來獲得資料。不論哪一種省思紀錄，最少都應具備下列四種性質：描述性而非判斷性、冷靜而避免偏見、辨識性、診斷性。

　　（三）發展行動策略與行動：資料蒐集與分析可提供對教育情境或問題的洞察與了解，並依此為基礎繼續發展行動策略。教育行動研究與其他研究不同之處，在於研究者本身在實際情境教學做為研究的焦點，並以「研究—介入」的實施行動策略以改善教育實務。

　　（四）資料的公開呈現與溝通：行動研究報告中所應該呈現的重點，是行動研究的成果外顯的實務改善（包含教學技術和方法的改變），以及研究者內隱的專業成長，亦即研究者的理解程度或者知識的增長，和對教育情境的信念、教學價值的改變與重建。

三、行動研究法的特徵

　　Altrichter, Posch 與 Somekh 在 1991 年曾指出在行動研究具有下列的特徵（夏林清譯，1997）：

　　（一）行動研究是關心社會情境的人針對社會情境進行研究。如教室情境中的教師。

　　（二）行動研究是源起於每日教育工作中所產生的實際問題。

（三）行動研究必須和學校教育的教育價值及教師的工作條件相互配合。

（四）行動研究提供進行研究與發展實務的策略與方法，教師在不被過度打擾教學的工作情境下進行研究。

（五）行動研究是一種不斷持續的努力，教師在研究過程中的省思和行動相互影響與作用後，所獲得新的知識將在行動中被驗證。

（六）行動研究沒有一定非常明顯規範的模式與步驟，只有基本典型的研究歷程階段，像是如何找尋一個起始點、釐清情境、發展行動策略、實際行動、公開知識等。

第三節　研究步驟

本研究先以相關文獻，探討創造力之理論內涵，再根據兒童創造力特質和閱讀理解策略，配合創造思考教學原則、策略與技巧，進行繪本閱讀創造思考教學活動內容規畫與活動設計，最後以研究者自編之閱讀學習單、學習自我評量表、家長訪談大綱、學習觀察紀錄表，作為實徵資料的蒐集途徑，探討分析兒童語文創造力的表現。本研究步驟流程如下圖 3-1 所示。

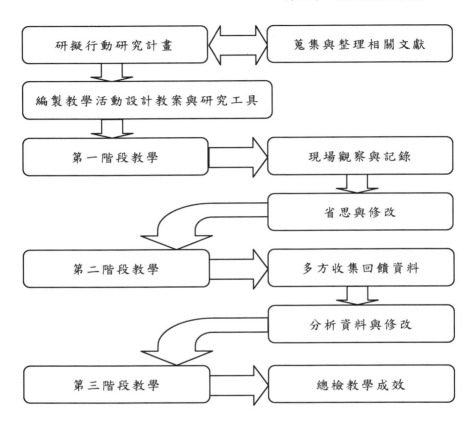

圖 3-1　研究步驟流程

茲將本研究步驟流程說明如下：

一、研擬行動研究計畫

在決定教學科目以後，依學生的狀況，便著手擬定此教學之行動研究計畫。確定教學對象、教學策略與研究方向以後，研究者遂展開密集的討論，內容包括實務教學規劃、認

知反應及學習單內容之設計等。

二、蒐集與整理相關文獻

在本研究中，除了要蒐集與繪本閱讀及創造思考教學相關的理論，將其融合以擬出繪本閱讀創造思考教學的流程與步驟，在教學過程中，教師如何引導啟發兒童語文創造力也是探討的重點之一。因此，教師於教學前、中、後應扮演的角色及擔任的工作，也希望在文獻蒐集中能有所斬獲，以提供教師作參考。

三、編製教學活動設計教案

兒童在學習的過程中是透過環境的刺激與身體的感覺，而且經驗是經過學習不斷建立的。如何讓兒童發揮創造力與想像力，透過適當的教學策略與教材，營造有利適切的環境是有其必要的。

本研究之教學活動設計教案，強調師生之雙向互動，給予兒童較多的思維空間，並配合各種創造技法的演練以引起兒童注意，藉此涵養兒童創新之風格及語文創造能力。整個過程是邊做、邊發展、邊調整改進研究的。

四、編製研究工具

本研究使用的工具，包括：閱讀學習單、學習自我評量表、學習觀察紀錄表、錄音設備、教師省思札記、家長訪談大綱等。

五、教學活動的實施、反省與修改

　　本研究乃針對研究對象施以繪本閱讀創造思考教學並藉此探討語文創造力之影響，透過實務教學教師與研究者研商之教學策略與教法進行教學活動。在實際教學的過程中，擔任實務教學教師須紀錄省思札記，不斷自我反省思考，以修正教學策略。

　　實務教學教師於研究期間每個月與研究者進行座談，討論教學過程中之心得分享或問題討論，以利往後之教學能順利進行。研究者並於每次教學觀察紀錄，以深入了解在行動研究過程中兒童的成長與改變。必要時，可以教學錄影方式紀錄實際教學情況，並於全部教學結束以後，對兒童家長進行晤談，以調查兒童在課堂之外的語文創作實況。

　　實務教學教師與研究者間的溝通，除了每個月的座談與教室內的觀察以外，並以電子郵件、傳真、電話以及視需要隨時安排面談討論，以確立教師之教學效能。

六、現場觀察、多方搜集回饋資料以及評估成效

　　本研究在資料搜集上採多元的方法，以觀察紀錄、訪談、學習單、省思札記、教學活動之錄音、錄影為主要資料搜集之來源，期能完整的搜集到研究相關之資料。

第四節、研究使用的教材

一、挑選相關書籍

實施教學前，必須先選擇並決定要使用的教材，然而，要在浩瀚書海中，挑選出理想的教材，其實是要花費一番苦心及時間的。研究者與實務教學教師討論的結果，決定採下列方式完成挑選書籍的工作：

（一）參考專家學者提供的選書參考指南。

（二）訪問有經驗的老師，請他們推薦相關書目。

（三）上網及參考書報雜誌提供之訊息，蒐尋相關書籍之簡介。

二、決定合適之書籍

由於研究對象為一、二年級學生，且本次教學的目的，在提升兒童之語文創造思考能力，因此，決定選用的教材，經研究者參考相關文獻並與協同教師討論的結果，認為故事內容應把握圖與文均留有想像及思考、討論空間為主要原則。根據上述想法，研究者與實務教學教師及兩名有繪本教學經驗的教師共同討論後乃選定下列六冊繪本（表 3-1），做為本研究之教材：

表 3-1　繪本閱讀創造思考教學書目表

書　名	讓路給小鴨子	毛頭小鷹	小紅帽
作　者	Robert McCloskey	Robert Kraus	世一編輯部
插畫者	Robert McCloskey	Robert Kraus	世一編輯部
譯　者	畢璞	柯倩華	世一編輯部
出版社	國語日報	上堤	世一
選用原因	1.曾獲凱迪克大獎 2.插畫寫實又幽默，容易與讀者產生共鳴 3.提供機會讓兒童觀察、思考人與野生動物如何相處與互動	1.書中插畫將角色的個性刻畫得十分生動、鮮明 2.可以從不同角度切入，探討故事內容的寓意	1.插畫將人物造型靈活呈現，且具補充故事情節的效果 2.故事的內容易與兒童的舊經驗產生連結
書　名	長靴貓	睡不著的小老鼠	莎拉的柳樹
作　者	Catherine Solyom	Antonie Schneider	Friedrich Recknagel
插畫者	Tony Wolf	Eugen Sopko	Maja Dusikova
譯　者	張瑩瑩	周正滄	周正滄
出版社	台灣麥克	九童國際文化	九童國際文化
選用原因	1.德國繪本推薦獎 2.可提供兒童沿著故事線，以繪畫展現創意 3.插畫可提供線索，讓兒童運用想像及創造力去預測故事情節發展	1.故事的內容易與兒童的生活經驗產生連結 2.故事結局的安排，可提供兒童另類思考，如何以不同角度去看待問題	1.提供問題解決情境，可讓兒童發揮創意，提出問題解決策略 2.可讓兒童學習問題解決的技巧

第五節　研究工具

本研究所使用的工具，包括研究者自編的閱讀學習單、學習自我評量表、家長訪談大綱、教師省思札記、學習觀察紀錄，茲分述如下：

一、閱讀學習單

設計學習單的目的，一是為了保留兒童的學習痕跡，作為研究者分析兒童學習成效之參考，二則是讓兒童於書寫學習單的過程，能不斷進行反思及檢視自己所學成果。研究者於每次繪本閱讀創造思考單元教學完畢後，皆提供閱讀學習單請兒童填寫。

二、學習自我評量表

本學習自我評量表，主要是想了解兒童對自己、同儕於教學活動中創意表現的看法與想法，及對教材教法的反應。學習自我評量表的填寫方式，是於每本繪本閱讀完後，讓學生利用活動完當天的課餘時間，對活動內容記憶仍深刻時填答完畢。

三、教師省思札記

反省、思考是教師從事教育行動研究的核心特徵之一，

有了反省的習慣與知能，有助於教師行動研究前問題的找尋、行動研究過程中問題的探究、與行動研究後的批判思考（陳惠邦，1998；秦麗花，2001）。實務教學教師於本研究進行時的相關反省與思考，均紀錄於教師反思札記中，其內容包括：

（一）資料蒐集、分析、整理過程中所遭遇的問題與困難。

（二）針對解決問題所使用的策略。

（三）與研究團隊的討論紀錄。

（四）研究的進行與修正情形。

（五）研究進行時的新發現與新體驗。

四、學習觀察紀錄

有關兒童的學習觀察紀錄，包括了教學現場的錄音與協同教師所做之文字紀錄，藉以了解教學時教師與兒童的互動情形及學習狀況。於每次教學結束後，研究者會把錄音資料轉成逐字稿，彙整成教學謄錄，並立即回顧與整理，加上協同教師所提供的觀察紀錄，互相檢核，進行分析與比對。

五、家長訪談大綱

全部教學結束以後，對兒童家長進行半結構式晤談，在訪談過程中積極傾聽，鼓勵受訪者盡情、自由不被拘束的談話，以調查兒童在課堂之外的學習實況以及對未來課程的建議。訪談大綱如下：

（一）您認為孩子的語文哪裡需要加強？

（二）孩子在家喜歡閱讀嗎?親子共讀的時間有多少？

（三）您認為孩子的語文能力差應該與什麼有關呢？

（四）您認為孩子經過繪本閱讀創造思考教學之後，孩子的語文創造力進步多少？

（五）您希望以此一教學方式讓孩子繼續學習嗎？

第六節　資料蒐集與分析

本研究所關注的焦點，是在真實教學情境中，進行繪本閱讀創造思考教學對提升兒童語文創造力之成效。為了能廣泛蒐集資料，並深入了解兒童的學習結果，採用資料蒐集的方法包括了訪談、觀察及文件蒐集等方法，研究者並於研究過程中，不斷將所得資料做歸納與比較。本節即說明資料蒐集與分析的過程。

一、資料蒐集

為了使兒童學習結果的呈現更具體與真實，研究者蒐集資料的來源包括：

（一）文件蒐集

1.教師省思札記：教師撰寫教學省思札記，將上課時師生的互動情形、兒童曾出現的問題、教師自我感受等，並對

教學情形進行一番省思。

2.閱讀學習單：研究小組自行設計之學習單，以了解兒童進行繪本閱讀創造思考教學後，對於故事內容主題的感受與文字敘述的發展如何，並做為每次教學改進的依據。

3.將兒童課堂上的作品、學習自我評量表、閱讀紀錄等加以整理存檔。

（二）訪　談

藉由訪問兒童家長，深入了解他們的價值觀、態度與情緒，同時與協同教師的討論，也一併錄音，以免遺漏任何寶貴的意見。

（三）觀察資料

研究者全程觀察教師在進行繪本閱讀創造思考教學課程，紀錄兒童在課堂中對於課程的內容、想法及師生互動之表現，以了解教學模式與學習行為，提供修正教學策略的參考。為避免流於研究者個人之主觀偏見而不自覺，本研究輔以錄音的方式，提升觀察與紀錄的真實性，並邀請協同教師共同分析及檢證，以維持資料之客觀性。

二、資料分析

在質的研究過程中，有效益的方式應是資料的蒐集與分析同時進行（黃瑞琴，1996）。本研究是屬於質性研究範疇，對於資料的搜集與分析，在參考前人的研究報告並斟酌實際

上課情形後，經資料搜集後，隨即進行分析之方法，並在小組會議中，提出所搜集的各項資料，進行交叉檢核；如發現有疑問的資料，則做進一步的查詢。在行動實施期間，研究者持續進行資料的搜集與分析工作，以作為修訂行動方案的參考；在行動實施結束後，研究者將資料加以整理、編碼、分類、歸納，著手進行研究結果報告之撰寫，本研究採用 Miles 和 Huberman 的交互模式來做為分析資料的方法（引自黃永和，1996），其步驟為：

（一）將資料濃縮

把蒐集到的資料，進行選擇、簡化、摘要、集中及轉化，以易於管理及掌控。

（二）資料的展示

將轉換過的資料加以整合，並使用各種可能的形式將資料產生連結，以利初步結論的產出，或做為採取下一步驟的依據。

（三）將資料編碼

為方便研究者將資料做歸納，並讓讀者清楚了解資料的來源，本研究將教學之錄音、觀察紀錄、訪談紀錄及教師之省思札記，均加以謄錄編碼及分類。資料編碼如下表所示：

表3-2 資料文件編碼表

資料來源	編碼方式
觀察紀錄	觀察：年、月、日各兩碼。 T：教師。 S潔：學生小潔。 SS：多名學生。
省思札記	省札：年、月、日各兩碼。 T：教師。
訪談紀錄	訪談記錄：年、月、日各兩碼。 P潔：學生小潔之家長。 R：研究者。

第七節　研究之信效度

本研究使用三角交叉檢證的三角測量法（triangulation），進行交叉檢核，從多個不同向度來增強資料間的相互效度檢驗，例如資料的三角測量（訪談、觀察、文件分析）、參與者的三角測量（研究者、協同教師、學生、教師）。研究者並以錄音設備全程記錄對話內容，並立即轉謄為逐字稿，做為資料分析的參考，援用原始用詞用句，避免研究者主觀的詮釋與過度的推論，希望能使研究結果的呈現更具客觀性與真實性。

第四章　實施歷程

　　本章主要闡述繪本閱讀創造思考教學內容、教學實施的問題評估與修正歷程兩部分。首先將繪本閱讀創造思考教學設計理念、實施過程與活動加以說明，並探討實施行動方案時所發生的問題，進行評估與修正行動。

第一節　繪本閱讀創造思考教學內容

　　寫作可以用來紀錄思維結果，整合內在想法、情感，並促進反省思考，成為一種學習工具（Amold，1991）。既然「寫作」在學習上佔有如此重要地位，Hlower、Hayes（1986）則提出，寫作是一種文字理解和發現的歷程，它不僅需要寫作者將文字排置於紙上，更需要寫作者在處理、運作文字的過程中，融入個人的經驗，發現意義，產生創作。孩子的潛能往往出乎我們的預期之外，也因為孩子們如同一張白紙，他們的接受程度最強，發展空間也最大，因此本研究希望融入創意技法的繪本閱讀欣賞，以培養兒童語文創造力，並能有效的提升語文能力，期能為現今語文教育貢獻一點力量。

一、設計理念的形成

　　教學設計理念期望兒童能運用國語文文字基礎發展其語文創造之能力，本班兒童在此之前從未接觸過以繪本閱讀教學為主的上課方式，如何設計出能發展兒童們的語文創造力的繪本閱讀教學課程，以及兒童能否接受此繪本閱讀教學活動，對研究者而言是一項新挑戰、新嘗試。

　　在了解兒童們的認知、情緒、人格與語文程度發展下，決定以故事內容為主要教學核心，利用故事裡的故事主題、主角以及劇情，逐一和兒童進行互動、討論、發表，輔以延伸活動刺激兒童發展語文創造力。讓兒童在感受繪本閱讀樂趣的同時，提升他們對文字認知的能力，並激發其學習動機，讓兒童們除了學習故事裡的教育意義之外，更體會語文創作的成就。

二、時間與空間的安排

　　如同艾登・錢伯斯所言：閱讀是需要一些時間的（許慧貞譯，2001），想要養成孩子閱讀的習慣，時間應該是一個重要的因素。在最理想的狀況下，應該是讓孩子每天接觸到書，幸運的是，本班教室位於市立圖書館的對面，因此兒童閱讀書籍與資源相當豐富，此外，教室裡也放置相當多元的課外書籍提供兒童自由翻閱，只要兒童將作業學習完畢，就可以有充分的自由權閱覽書籍。教師並於每週三帶領兒童至圖書館閱覽館中書籍，除了月考的前一週，固定在每週一、

五進行繪本閱讀創造思考活動，其他時間也鼓勵兒童不論何時都可以閱讀，寫完作業的時間、下課時間、放學前等待的時間等，使兒童養成閱讀的習慣。

閱讀的場所和閱讀的樂趣、情緒和專心度有著極大的關係（許慧貞譯，2001）。場所的安排因為教室的空間並不大，可利用的空間有限，雖然想給孩子一個專屬於閱讀的空間，但是礙於動線及干擾因素等考量，最後還是決定讓學生在自己的座位上進行。

三、書籍的選擇

由於本研究希望能夠運用故事創作者的想像、文字的鋪陳及故事內容，激發兒童的語文創造力。因此，書籍的數量必須能一綱多本大量提供，並且閱讀時可以人手一本，以期兒童在發展語文創造力時，可大量吸取文字、詞句、構想等。

教室書櫃內的書不限於某一種類，而是包含各式各樣的百科書、兒童期刊、月刊、國語週刊等，更鼓勵兒童自己帶書來閱讀或交換。

四、繪本的選取

以具有教育意義和生活化的故事繪本，透過創意教學活動讓兒童與故事內容產生對話，引導兒童將故事內容與自身經驗做連結，進行互動討論與分享，進而省思、發展對其文字的鋪陳架構。

秉持上述原則，每個故事主題進行時間為三週到四週不

等，茲將本研究所選用的繪本概述如下：

（一）讓路給小鴨子

這個故事主題是希望建立兒童正確的自我保護能力，並進而有危機處理的能力。

（二）毛頭小鷹

不管是父母、老師或長輩，孩子的學習，大都來自模仿、認同及習慣，這個故事主題是希望兒童建立美好、自我肯定的品德規範，在擁有聰明及智慧中，不失創造力與信心。

（三）小紅帽

選擇這本兒童耳熟能詳的故事，一部分是希望藉由已知的故事內容，引導兒童欣賞遣詞用字的優美表現，一部分希望培養和諧的三代情與問題解決的能力。

（四）長靴貓

一般人的印象中，貓只會抓老鼠，在貝洛筆下的貓卻能運用聰明、機智，讓牠的主人從貧窮的農民，晉身為皇公貴族，享受榮華富貴的生活。這個故事主題是希望讓學生學會付出關懷，解決問題，培養聰明與機智。

（五）睡不著的小老鼠

這本書藉著老鼠爸爸有耐心的為每個問題都找出解決的方法，交織出溫馨動人的親子之情。是一本幫助孩子克服怕黑心情的最佳兒童書。

（六）莎拉的柳樹

藉由富有詩意的故事，來增加幼兒詩文欣賞機會，豐富其文學經驗，同時透過多樣化的活動設計增加幼兒延伸探索的機會，讓幼兒在文學環境中提高學習動機與理解力，並發展語文能力。

五、教學活動流程

在設計繪本閱讀創造思考教學活動時，研究者建構出七步流程作為基本架構：引發舊經驗→故事導覽→獨立閱讀→討論與分享→延伸活動→綜合討論→語文創作，每一項教學活動流程有不同的教學目的及不同的施行方式，本研究之教學活動流程詳見表 4-1：

表 4-1　七步教學活動流程

教學活動流程	教學目的	進行方式
（一）引發舊經驗	引導兒童針對故事內容提出相關之舊經驗分享。	討論發表
（二）故事導覽	以師生共讀方式進行導覽，經由導讀過程以分段解說呈現故事內容，如遇艱深詞彙還可加以討論。	師生共讀
（三）獨立閱讀	使兒童獨自閱讀，避免受他人干擾，影響學習成效。	個別閱讀
（四）討論與分享 　　　深入探討 　　　認同理解 　　　活化想法	教師對繪本內容提出開放性問題作深入探討，讓兒童對於角色替換與生活做連結，藉由討論方式，進行分享與互動，以了解他人的想法。	討論發表
（五）延伸活動	就故事的主題，設計適當之延伸活動教學，以增進兒童對故事內容的文字理解及遣詞造句之活用。	體驗表演活動、閱讀學習單、故事接龍、詞語聯想、閱讀紀錄等
（六）綜合討論	為確定兒童對於故事主題傳達的概念與內涵是否能與自身的文字運用，再次進行綜合性討論，讓兒童能自我省思其文字架構與轉換。	討論發表、學習自我評量
（七）語文創作	引導兒童依其感受抒發，學習如何運用語文適切表達與鋪陳文字寫作的能力。	創意小書

茲將七步教學活動流程，詳述如下：

（一）引發舊經驗

在每一次進行教學活動前，教師會先藉由故事的題目或封面，引導兒童提出相關舊經驗的分享，統整討論出故事的主題。

（二）故事導覽

　　故事導覽時，以知識為主的部分通常是老師主導，在教學過程中會以問答的方式討論，約略介紹內容或是閱讀一小段，然後讓學生閱讀。引導閱讀欣賞時，我們透過故事主題，認識作者想顯現的意圖，並配合事前設計的教學活動，運用思考的流暢性引導語文創作。

（三）獨立閱讀

　　故事導覽之後，接著是獨立閱讀時間，獨立閱讀時間，學生可以自己閱讀，不能做其他事情，且盡量保持安靜，由於低年級的學生比較無法完全的安靜，因此，小聲的唸出聲音是允許的，但是以不影響他人為原則。

（四）討論與分享

　　在所有教學活動當中，討論是相當重要的過程，在討論互動中，彼此提出疑問、表達意見，產生變化、文詞應用、學習解釋自己的觀念、改變重新組合自己的看法，其中還包括接納別人的想法（柯華葳、幸曼玲，1996）。不論是一起討論或是分組討論，主要是讓師生有互動、溝通、思考和發表兒童自己想法的機會，教師也可以透過討論中了解兒童對故事的主題理解程度和思考的深度、廣度（林敏宜，2002）。

　　因此，在本次教學活動中討論與分享時間，提供自由、相互尊重的氣氛，讓兒童們在輕鬆中學習；教師則採開放性

或擴散性的問題引導兒童思考，尊重兒童彼此所提供的意見，不排斥兒童的失敗經驗或錯誤。

　　由老師引導針對故事內容及情境加以共同討論或由兒童發表讀書的心得，希望藉由同儕的互動，來增加學生互助自信的能力，並有機會和同學分享所得。分享的主要形式有故事重述、閱讀書籍的討論，閱讀心得、延伸活動後的分享等。兒童重述故事時，要讓全班聽得到，為了提高其他兒童專注力，結束後進行問題搶答。閱讀心得的分享，有時候是由老師或小朋友讀出學習單的內容，並加以回饋，有時候則是看完書後，自由發表書中任何感想。

　　陳述個人的想法主要是讓兒童可以親自去發掘、體認，增進彼此之間互動性、交流性，且切合兒童的心智和經驗各方面程度的體認，可以吸收彼此的經驗、感動，並在不知不覺中因閱讀故事繪本，彼此提供意見而潛移默化。

（五）延伸活動

　　一成不變的課程容易引起疲乏，所以偶爾來一些新奇的活動，更能吸引孩子的目光。因此，配合繪本閱讀創造思考教學，設計一些活動來吸引他們的興趣。本研究所設計的延伸活動有：

1.閱讀記錄

　　此部份為兒童自行選擇閱讀繪本冊名以及紀錄內容，主要提供解決文字鋪陳的困擾，讓孩子發現作者表達意義的方式，更希望培養孩子自動自發，以不斷閱讀的方式，成為自

然的閱讀活動。

閱讀記錄內容包括閱讀日期、書名、作者及「我覺得優美的詞句」等，但是因為是一、二年級的學生，有的學生填寫閱讀記錄簿的意願不高，因此，本班兒童實際閱讀的書本應並未紀錄完整。

2.閱讀學習單

教師利用自編的閱讀學習單統整兒童的觀念，使其更清楚該單元的主題，學習單主要針對主題或活動設計，每個單元設計二到四個活動，又分為探索式和延伸式的學習單。探索式的學習單如故事的情節，要求學生讀完書後找出答案；延伸式的學習單是從書中的內容引伸出來。

3.故事接龍

透過（自創）故事接龍的活動，讓學生學習故事改編或延伸，以增進學生日後進行故事創作編撰的能力，。

4.體驗表演活動

配合「小紅帽」繪本，讓兒童體驗演戲的感覺，利用角色扮演建立遇到困難與解決問題、責任與感恩的觀念。

（六）綜合討論

當討論與分享完畢，教師再統整兒童們討論的內容及個別感受，並藉由此了解兒童們的語文組織與表達能力。將討論運用在創作中，將兒童表達自己「說」、「聽」和「觀察」的一種溝通技巧，經由彼此提出疑問與表達意見時，重組自己的觀念和看法，分享和衝突學習解決彼此的問題和想法。

　　每個繪本閱讀教學活動結束後，填寫學習自我評量單，以幫助兒童對於該單元的吸收學習和自我反省，檢視自己的學習態度，表達其想法，並提供教師評估與修正的最佳依據。

（七）語文創作

　　由於低年級的兒童本身識字未深，因此教師鼓勵兒童學習查字典，練習初期可以注音代替，透過創意小書的編寫，讓兒童依自己的感受，表達內心與生活經驗的交流。創意小書是以長條書面紙折疊成一本小書，兒童們要發揮自己的創意及想像力，編織一個故事並畫上簡單的圖畫，兒童們表達文字的內容字數有寡，並不代表文章的優劣，而是他們對文字的流暢性與表達內容程度、看法是否有其獨特性。

六、創造思考教學及創意技法的運用

　　透過創造思考教學及創意技法的運用主要目的在於了解學生的學習狀況，進步情形以及對書本概念的成形，產生對故事的內在涵義創造出獨特的想像空間，讓兒童能實際運用在生活中，期望對兒童的語文創造力有很好的成效。

　　因此，本研究融入下列創造思考教學策略及創意技法的運用：

　　（一）每個小單元皆以陳龍安（1984）提出創造思考教學三段模式的方式進行如圖 4-1，就是將教學歷程分為暖身活動、主題活動及結束活動三段，其中主題活動包括問、想、說、寫四個步驟，即提出問題詢問兒童或安排問題的情境，

鼓勵兒童思考想像，提供兒童思考的時間，並運用各種活動讓兒童從做中學。在繪本閱讀單元結束後，則進入寫的部份，讓兒童組織與表達。

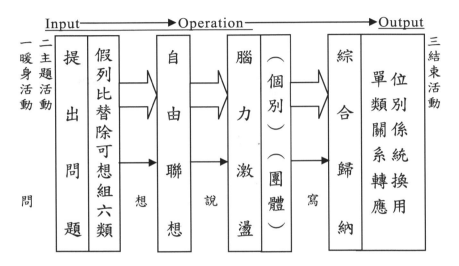

註：此一模式可變化，例如：問、想、說、問、想、寫、說。

圖 4-1 創造思考教學的三段模式（陳龍安，1984）

茲舉例說明如下：

1. 暖身活動:所謂暖身活動(warm up)就是引起動機準備活動，這樣的方式可以集中小朋友的注意力，並引起學習的興趣，使教學氣氛更活潑生動。

2.主題活動：這是教學的主要活動，包括：問、想、說、寫。

（1）問：就是提出問題，教師充分運用發問技巧，以

激發學生的創造力；問題可分為「硬性的問題」和「軟性的問題」也有人將它分為「開放性的問題」和「封閉性的問題」。提問題的時，要注意語言的品質，要配合小朋友的理解能力。

　　以下綜合歸納出創造性發問技巧的「十字口訣」：

　　A.假..「假如」的問題:可依人事地物時組合成十二種策略，要求學生對一個假設的情境加以思考。可用人、地、事、物、時（現在、過去、未來）的假設發問。

　　B.列..「列舉」的問題：舉出符合某一條件或特性的事物或資料，越多越好。

　　C.比..「比較」的問題：就兩項或多項資料就其特徵或關係比較異同。

　　D.替..「替代」的問題：用其他的字詞、事物，涵義或觀念取代原來的資料。

　　E.除..「除了」的問題：針對原來的資料或答案，鼓勵學生能突破成規，尋找不同的觀念。

　　F.可..「可能」的問題：要求學生利用聯想推測事物的可能發展或作回顧與前瞻的瞭解。

　　G.想..「想像」的問題：鼓勵學生充分運用想像力於未來或化不可能為可能的事物。

　　H.組..「組合」的問題：提供學生一些資料（字詞、事物、圖形…等）要求學生加以排列組合成另外有意義的資料。

　　I.六..「六 W」的問題：利用英文中五個 W、一個 H 的問題。誰（Who）、為什麼（Why）、何時（When）、什麼（What）、如何（How）、那裡（Where）。

J.類..「類推」的問題：將兩項事物、觀念或人物作直接比擬，以產生新觀念。

（2）想：就是自由聯想。提問題之後，教師要忍受沉默，留給學生思考的時間，鼓勵學生擴散思考，自由想像。

（3）說：就是應用腦力激盪的策略，讓全體學生討論發表，腦力激盪可分為個別及團體思考，進行腦力激盪前，教師要記得提醒規則：

A.不可以批評別人的意見。

B.可以自由想像。

C.意見愈多愈好。

D.可以把別人的意見加以組合。

（4）寫：就是讓學生歸納整理，將表達的意見或想法加以綜合。一般來說可依基爾福特模式分為：A.單位 B.類別 C.關係 D.系統 E.轉換 F.應用等六類，逐一說明如下：

A.單位（Units，U）是指單一的結果，係計算事物的最基本數量，可以單獨存在。

B.類別（Classes，C）是指具有一種以上共同屬性的組合，是將單位按種類區分，或將事物、資料依共同性質集合的一種形式。

C.關係（Relations，R）是指單位之間的各種關聯，兩者之間存在的關係。

D.系統（Systems，S）是由兩個以上相互關聯的單位所集成。

E.轉換（Transformations，T）是指一個已知的資料經過

轉變而成為另一資料。

F.應用（Implications，I）是指由一事物導至另一事物，有引申、擴展、預測的含意，是一種預知結果的能力。此能力必須經由適當計畫並逐步學習，才能有所發展。

3. 結束活動:主要是師生共同評估，並指定下次主題或規定作業。

（二）威廉斯十八種創造思考教學策略

1.類比法:比較類似的各種情況、發現事物間的相似處、將某事物與另一事物作適當的比喻。

2.直觀表達法：啟發對事物的敏感性。

3.容忍曖昧法：提出各種開放而不一定有固定結局的情境，鼓勵學生擴散思考。

4.創造性閱讀技術：學習從閱讀中產生新觀念。

如此，教師運用各種創意技法與創造思考教學，鼓勵兒童擴散思考，從故事閱讀中產生新觀念，並透過繪本欣賞探索他人處理事物的方式以及啟發對事物的敏感性，學習從閱讀、傾聽、寫作中產生新觀念，並激發各種選擇、修正及替代的創意。

第二節、教學實施的問題、評估與修正歷程

在實施繪本閱讀創造思考教學之前，曾就理想與現實的

考量，設定一系列的活動，然而，不論是多完善的活動，總是在變化不斷的教室中受到挑戰，因此，實施過程會經歷不斷的修正與調整、評估再修正。一開始所遭遇的問題，多為繪本閱讀創造思考教學的規劃與現實環境的相互協調，再者是分享討論和活動的修正。這些發展其實是一段歷程，在研究過程中不斷有新的問題和修正策略，這些發展也將不斷的持續。以下就繪本閱讀創造思考教學在實施歷程初期、發展經過時，研究者所經歷的問題、評估、修正與成長逐一說明。

一、實施歷程之初期

（一）尋找理想與現實的交集

　　一開始以閱讀繪本引導語文創造力的教學構想，是希望學生在這個學習過程中，對於語文發展與故事內容的體認，先產生一些印象後，這樣在接下去的課程或分享中，便可以不斷加深這樣的印象，以達到重複學習及語文發展的效果。因此在課程的規劃是在老師的主導下，刻意的教導相關書籍的知識，學習單則以創造性發問技巧盡量設計得有趣簡單，並鼓勵兒童盡量寫下來。但是理想與現實畢竟還是有一段差距。

　　問題一：學生書寫能力、識字能力不足、閱讀時間過長易分心與學習單完成困難。

　　引導閱讀完後，希望孩子在獨立閱讀期間能讀完一本書，然後把相關問題填入學習單中，經調查也許是因為孩子

不常自己獨自閱讀,而且孩子剛開始認識注音,對於國字也常常念不出來,又是第一次接觸學習單,對學生來說感覺就是作業,在拿到學習單後,會急著先去拿書尋找學習單的答案,當他們發現找到了作者與出版社之類的答案,卻沒有注音可參考,尤其是外國翻譯的繪本,名字多半不是他們認識的字,變成孩子在這個部分需要中斷一直去問老師,浪費許多時間。因此,教師一直遇到孩子問問題,這個字怎麼念,這個字我不會寫…等,主要的原因是孩子剛開始認識注音,對於國字常常念不出來,這也是導致閱讀時間過長易分心與學習單完成困難的原因。在研究者的觀察記錄中摘錄出:

S潔:這個字怎麼念?(書名)

T:你先看內容,就會有這些字的注音了。

S恩:老師,這裡是什麼意思。

S閎:老師,這麼多事情,怎麼寫,先寫哪一個?

S嬪:老師你看,什麼是馬路如虎口。(有八位孩子附和此題)

T:馬路因為來往的車子很多,有如在老虎的嘴巴口那麼危險。

S恩:我沒辦法,我還是不會寫。

T:你可以先說說看,你應該可以寫一些的。(觀察94/09/12)

同時,因為他們注意的地方集中在書本的封面知識,反而失去我們想要他們享受讀書的樂趣。在教師的省思札記中這樣紀錄:

　　寫閱讀學習單期間，小朋友們不斷的問該怎麼寫？這一題是甚麼意思？一則以喜，一則以憂，喜的是孩子將我所教的部分記下來了，能夠指出作者、出版社在書中的位置。憂的是學生們只集中在一些表面知識，反而忽略讀書的樂趣。同時，擔心孩子讀書的重點變成在尋求學習單答案，而不是讀本內容，有的孩子專注在翻開書本就來問答案。我們是不是操之過急呢？（省札 94/9/6）

評估與修正：

　　在檢討過後，我們發現最主要的原因是孩子生理上的成熟度不夠，也是因為教材的安排上以書寫方式呈現，對這個階段的孩子是有一些難度的。如果說，這是老師有意識的教導，其實學生已經學到了，只是部分學生們無法用書寫來表達，我們其實不必太強求，以免扼殺了學生們的興趣。因此，在寫閱讀學習單時，教師不再要求兒童一定要自己寫出來，也可以用口語表達，教師先提出問題引導及討論之後再輔導書寫，讓他們不斷的藉由閱讀的欣賞，加強其印象，培養語文創造力。此外，我們發現，把繁雜的閱讀記錄放在孩子課後自由實施，一方面孩子沒有壓力，一方面經由同儕學習的激勵下，學生反而更樂意親近書本。在引導閱讀時，老師不經意的問些作者、出版社的問題，他們都能指出其所在。雖然有一些孩子說不出字該怎麼唸，也不影響他們閱讀的興趣。同時，在接下來的課程設計，除了以學習單的要求外，也利用故事材料當作創意閱讀的引子，透過戲劇表演、資訊科技媒體、討論分享、塗鴉等延伸活動活化教學，使孩子對

故事的內在涵義，創造出獨特的想像空間，讓兒童實際運用在生活中，並期望對孩子實施語文創造能力的培育，能有很好的成效。

在共同討論時，發現兒童們可以以問答的方式表現，練習文句的組織與構想的表達。

T：讓路給小鴨子，這個故事主要的人物有誰？

SS：馬拉先生、馬拉太太、米其爾和小鴨子。

T：牠們發生了什麼事？

SS：鴨媽媽帶小鴨要去找鴨爸爸，米其爾幫牠們指揮交通。

T：什麼時候。

SS：早上的時候，鴨媽媽就帶小鴨上路了。

T：然後發生了什麼事？

SS：牠們拼命的叫，所以米其爾就跑來了，米其爾後來命令所有的車子都停下來。

T：米其爾一面擺手，一面吹哨子之後，你還可以寫…

SS：（吵雜的聲音）

T：停，舉手。S 淵說。

S 淵：米其爾站在馬路中間的時候，像一般警察一樣招呼馬拉太太過馬路。

T：對，然後發生了很多事。

S 婷：馬拉太太過街了。

S 綺：米其爾叫警察派警車來。

T：最後發生了什麼事呢？

　S 綺：牠們已經過馬路走進公園。

　S 婷：而且向警察們說謝謝，才去小池塘找馬拉先生。

　T：（重述），像這個就是最後的結果。

　T：所以我們可以簡單的描述故事。母鴨馬拉太太生了八隻小鴨，當小鴨學會走路之後，有一天早上，馬拉太太就準備帶牠們回波士頓公園定居，然後包括小淵剛才講的米其爾站在馬路中間的時候，像一般警察一樣招呼馬拉太太過馬路，小綺說的米其爾叫警察派警車來。最後牠們順利的過馬路走進公園。而且向警察們說謝謝，才去小池塘找馬拉先生。

（觀察 94/09/14）

　　從這裡我們也注意到，低年級的兒童可能還沒有辦法將自己的想法重組，變成完整的段落，必須再給他們多一些的時間。而口語表達的方式可能是他們目前運用較好的方式。同時，大部分學生雖然寫不太出來，但是發表時卻能反應他們自己的意思與想法，並且藉由討論，他們有機會聽到別人的想法，也再一次澄清與確認自己的想法。

問題二：空間的規劃不盡如人意。

　　因為教室的空間並不大，可利用的空間有限，又礙於動線及各個干擾因素的考量，於是決定讓孩子在自己的座位上進行課程（動態活動除外）。但是在實施的時候問題卻不斷的浮現，歸納出來的主要問題包括：有的學生讀書速度太慢、學生討論聲音太大、討論時任意離開座位或是逕自做自己的事。

　T：你們覺得剛才閱讀的情形怎麼樣？

S嬪：他們都一直吵，害我都不能看書。

S淵：S閎看書看好久，我們都等很久。（觀察 94/09/12）

評估與修正：

利用分享時間，教師與學生們一起討論怎麼做會更好。

T：我知道大家都很棒，因為有的同學看得比較慢，而且教室的空間太小，可是重要的是該怎麼解決呢？

S年：不要唸太大聲就好了。

T：怎麼樣才不會唸太大聲。

S凱：叫大家唸在嘴巴裡啊。

T：也可以。那閱讀慢的人怎麼辦？

S婷：先給他看。

S淵：有人陪他一起看書。

SS：好啊。

T：那我們每一次看書，不要唸太大聲，如果有要唸出聲音的人，要唸在嘴巴裡。閱讀慢的人，可以找同學一起閱讀（觀察 94/09/19）

一開始的引導閱讀時，每一次安排不同的孩子相鄰而坐，以利閱讀時同儕間互相協助，因此獨立閱讀結束時間差距縮短，習慣之後，大家都在座位區閱讀的好處是，不會互相干擾。讀完書偶爾會討論，時間不長且不影響別人時，是可以接受的。例如 S嬪和 S宏有一陣子對討論很感興趣。常常利用閱讀時交換想法，當教師發現這種情形，提醒他們小聲討論，以免影響別人。

問題三：創造思考教學及創意技法的運用之實施與調

整。

為了讓兒童有效的學習，創造思考學習單與創意延伸活動，採交叉進行的方式實施。在設定的理想狀態下，先請孩子們自行讀書，互相討論，但是發現教室空間不夠以及音量無法控制的困擾，再加上部分學生閱讀速度快慢不同，有些孩子則缺乏耐心。在過程中常發生的狀況如：

S 淵：我看完了，可不可以先寫功課。

S 潔：我還沒看完，他一直吵我。

S 婷：這個字怎麼念啊。

T：S 閎，你怎麼不看書。

S 閎：不想看。（為給孩子多一些自主空間，T 未做進一步要求）

T：S 恩，看完書可以先試一試寫學習單喔！（觀察94/09/12）

評估與修正：

鑑於上述的情形，在一開始秩序不容易維持的情況下，教師在孩子獨立閱讀時，以行間巡視，當同學不易專心時，輕輕以肢體動作提醒他們，或是詢問他們的困境，以共同解決閱讀的困難。剛開始，S 婷經常無法融入閱讀，曾經表示看書好無聊、不想看。每當她影響別人時，教師就到她的座位旁，問一問她現在正在讀什麼？請她說一說給教師聽。

T：S 婷這一段念完了嗎？念一段給我聽看看。

S 婷：野鴨馬拉先生和馬拉太太要找各地方居住...（略）

T：牠說什麼？

　　S 婷：牠說每一次馬拉先生找的地方，馬拉太太都說不好。（觀察 94/09/12）

　　從教師的省思札記中發現，S 婷主要的原因是因為認字較慢，需要花比別人多很多的時間才看得完，所以缺乏耐心：

　　S 婷讀的時候一個字一個字慢慢念，有時注音念錯，有時仍會拼音輔助。但是可以說出該段文意。（省札 94/09/12）

　　但是有的時候又會發現她會說出一些很好的見解，遇到這個時候，教師就會特意在分享時稱讚她。

　　另外，配合分享時間，有時候請同學來念一段他們讀過的書或分享剛看的故事，也可以作為了解學生狀況的輔助工具。等到班上孩子能獨立閱讀及秩序進入軌道後，老師便開始到座位上進行個別學生輔導，每次上課約可輔導 1-2 位同學。如此聲量不至於影響其他同學，也達到我們想要的目的。先請學生唸一段給老師聽，然後說一說剛才念的這一段在說些什麼？接著再根據學生的回答來對談。藉由這樣的方式，來了解學生的理解能力及反應。

　　T：先念這一段給我聽一聽。

　　S 淵：野鴨馬拉先生和馬拉太太要找各地方居住....（略）

　　T：這故事在講什麼？

　　S 淵：牠們要找一個住的地方。

　　T：你覺得牠們不喜歡甚麼地方？

　　S 淵：牠們不喜歡有狐狸或是有烏龜的地方。

　　T 回饋：S 淵說得很流利，文意理解也沒有問題。

　　T：S 諭這一段念完了嗎？

S 諭：念完了。

T：那這一段在講什麼？

S 諭：有一個大池塘。牠們要飛下去。

T：飛下去做什麼？

S 諭：睡覺

T：牠們為什麼要飛下去，你覺得呢？

S 諭：因為馬拉先生說：「這是我們過夜的好地方」。

T 師：那牠們就住下來了嗎？

S 諭：（沒有回答）

T：馬拉先生牠們有沒有吃早餐？

S 諭：有，吃二次。

T：都吃甚麼東西呢？

S 諭：吃在池塘底下的泥裡找到的一些食物和花生米。

（看著書唸）（觀察 94/09/12）

（二）克服時間的障礙

問題一：繪本閱讀創造思考教學時間被佔用。

繪本閱讀創造思考教學的時間常會因為學校舉行段考或臨時的活動及孩子的突發狀況而導致有時不得不暫停或改期。

評估與修正：

閱讀可以是隨時的，當我們挪出繪本閱讀創造思考教學的時間時，也會找其他空檔讓孩子去拿書來看，同時鼓勵孩子在課堂利用零碎的時間或功課完成時來閱讀。此外，若是

遇到當日孩子課業較少或課程進度超前時，也會來做繪本閱讀創造思考教學的延伸活動。

問題二：進行時間倉促，學生速度不如預期。

通常一節課的時間約 40 分鐘，要做引導、獨立閱讀及討論分享或延伸活動，時間在不知不覺中就飛快消逝了，原先設計的教學活動流程，常因教師時間控制不當而延誤，而一年級的學生，也因為剛識字的關係，往往在獨立閱讀時，還來不及看完一個段落，時間已到。導致有的學生仍想繼續看完，並且無法專心分享或繼續其他活動，同學之間相互告狀的情形層出不窮，待教師處理完畢後，能運用的時間更加不足。有時候則是討論到意猶未盡，卻必須結束。

評估與修正：

在進行觀察教學時，研究者發現教師在引導教學時，總是熱切的希望將所知道的都告訴學生，而佔用了太多時間。依繪本閱讀創造思考教學的精神，教師應該讓學生有機會從讀本中去發掘、體會，以提高學習動機與理解力，並發展語文創造能力。因此，建議教師慢慢的將想說的東西減少，讓引導教學的時間盡量縮短，以便空出更多的時間給學生獨立閱讀。

（三）常規與個人尺度的協調

問題一：製造完全安靜的困難。

儘管我們希望學生在閱讀時，能在一個安靜的空間裡，彼此不干擾，不討論，自己看書。但是，研究發現，低年級

的學生在閱讀時，需要大聲念出聲音，以幫助他們閱讀，尤其是一看到有趣的地方，就會忍不住要指給朋友看，儘管教師耳提面命，孩子們總是無法一直保持完全無聲的狀況，導致教師需要不斷的在旁提醒，反而使得輕鬆看書氣氛的營造更加困難。

評估與修正：

在獨立閱讀時，這些會唸出聲音的孩子，通常是理解、組織能力較差，在閱讀過程中往往出現這樣的對話。

S 潔：S 小婷好吵，念那麼大聲。

S 淵：S 諭也好吵。

S 潔：可是我要讀出聲音才看得懂啊。

T：S 潔，聲音小一點，你影響到別人了。

S 潔：喔。（仍然唸出聲音來）（觀察 94/09/21）

我們允許他們可以小聲的唸出來，尤其是較低成就的孩子，唸出聲音其實是他們閱讀的策略之一。在當下若是影響到其他同學，就請他們坐到老師旁邊或教室前面，以避免爭端。此外，小朋友在看完書之後，有些孩子會互相討論，通常小聲的討論一、二分鐘，是可以接受的，若是交談得太久或影響到其他人，就必須加以制止。實施二個多月後，學生們漸漸習慣，感覺上，兒童們已經漸漸養成獨立閱讀的習慣，看書時，已經可以達到專注、安靜，甚至有些孩子還會把內容小聲的說出來，代表小朋友不是只看圖畫，也開始理解故事內容。

二、實施歷程之發展經過

（一）分享時間的進行

分享時間我們進行的活動主要有：分享看共同書籍的討論或心得及相關延伸活動的進行。

問題一：學生語文表達能力有限，聲量過小，注意力無法集中。

一開始的分享時間，學生不知如何把握重點，花的時間過長，聲音也不夠大，其他聽不懂或聽不清楚的孩子缺乏耐心，就私底下自行討論起來了。此外，嘗試讓兒童主動分享，竟發現經常主動發言，都是固定的某幾個孩子，變成一些注意力不集中的孩子，不習慣發表，也無法融入討論。以下是教師在省思札記中的紀錄：

會回答老師問題的小朋友似乎通常都是那幾位，也有一些小朋友從頭至尾一直做自己的事情，必須要老師的提醒才回神。感覺上，似乎提不起勁來。（省札94/09/12）

評估與修正：

分享提供學生發表的園地，同時也是師生、同儕間交流互動的好機會，不過，教師應注意學生分享機會的均等。對於不善表達的孩子，應給予鼓勵，讓每一個孩子都有機會參與，能和他人一起快樂分享（沈添鉦、黃秀文，1997）。後來，教師利用訪問的方式，一問一答，發現孩子並不是不會說，只是不習慣去說，而且他們害怕被別人嘲笑，所以不敢

嘗試。有的孩子第一次說不出來,可以讓別人先說,再換他上台發表,也有不錯的表現。

以 S 綺為例,其實她表達的能力不錯,但是她不會主動上台,所以老師便主動邀請她。

T:現在老師要請你們介紹這一本書最精彩的部分。

SS:我、我、我。

T:想說的請舉手。咦,女生比較少耶,S 綺是我們班屬害的女生,先代表女生介紹吧。

S 綺:毛頭喜歡演戲的說:「我沒有爸爸,我沒有媽媽,我沒有半個親人。」白天演戲,晚上也愛演戲,牠討爸爸歡心,也討媽媽歡心,爸爸說:「毛頭以後一定是當醫生或律師,」結果牠只當了救火員。

S 婷:還有媽媽說:「毛頭以後一定是演員或是劇作家。」(觀察 94/09/26)

另一個策略是分組競賽,當學生分享完後,讓同組學生問台下別組同學問題,學生為了要爭取榮譽,必須回答出台上同學的問題,注意力自然提昇了。

當我發現孩子們分享書籍的內容時,容易產生分心的狀況,我便試著在學生發表完之後,請他針對剛才說的故事內容問同學問題,學生的注意力明顯變得集中,而且聽不清楚的地方也會請台上的同學再說一次。(省札 94/10/03)

發現這點之後,在進行分享時,就會盡量以遊戲或競賽及反問的方式來問問題,一方面提昇孩子專心度與樂趣,一方面教師也可以了解孩子的理解程度,更重要的是可以立即

給台上的發表的孩子回饋，例如：聲音太小或表達不清楚的地方，馬上提醒他改善，對於語文表達的能力及積極主動性，明顯改善了許多。

同時，在討論分享時，教師也將學生所說的關鍵句重述一遍，以便幫助其他學生更了解故事的整體性，而一些不專心或識字能力較弱的孩子，也會開始注意聽。

（二）知識與興趣並重

問題一：故事內容無法引起學生興趣。

在研究中我們發現，在所選擇的故事書籍中，兒童對於內容的喜好落差大，對於有興趣的書籍會讀得興致盎然，如果是不感興趣的部分，連帶的也不太願意寫閱讀學習單。

評估與修正：

一開始老師主導的部分較多，活動的設計多依照故事的主題或內容，同時較偏向寫學習單，比較不易引起學生的共鳴。因此，在進行第二個繪本閱讀，教師盡量以遊戲、互動的方式帶領，並配合低年級孩子活潑的特質設計，與孩子更為緊密的結合。例如：角色扮演的活動，小朋友反應熱烈，他們喜歡這種遊戲的感覺，甚至在活動結束後，還會延續發展故事內容。

而在「睡不著的小老鼠」這本書，採取自由聯想的方式進行。學生們對於創作興致盎然，經過討論與分享，在填寫閱讀學習單時，他們不但不加抱怨，反而詢問教師可不可以添加題材（觀察 94/11/06）。

第五章　研究結果與討論

　　本章主要闡述研究結果與討論兩部分。首先從繪本閱讀創造思考教學提升兒童語文創造力之成效與教師的專業成長兩方面，分別探討實施繪本閱讀創造思考對兒童語文創造力的影響並進行討論。

第一節　繪本閱讀創造思考教學提升兒童語文創造力之成效

　　在這段實施歷程裡，其實施成效無法用精準的評量方式呈現，但是從他們學習生活的點滴可以歸納一些結果。以下針對學生對繪本閱讀創造思考教學的反應、學生的閱讀行為與動機的改變、學生語文創造力的表現、弱勢學生的成長、家長的觀點與繪本閱讀創造思考教學的檢討五部分一一陳述。

一、學生對繪本閱讀創造思考教學的反應

　　學生對於繪本閱讀創造思考教學的反應，在實施一個月

之後，教師曾與學生共同討論閱讀的好處和對繪本閱讀創造思考教學課程的感受，以下是學生們的迴響：

　　T：你覺得閱讀對自己是否有幫助，想一想對你的幫助在哪裡？

　　S淵：我覺得以後可以當老闆。

　　S潔：看那個書可以學到知識。

　　S瑄：長大以後會更懂事。

　　S年：長大以後可以寫功課和認識字。

　　S嬪：因為會變得更聰明。

　　S芳：看故事書和圖片，可以讓我們更會畫圖。

　　S凱：看書會讓我們變聰明。

　　S宏：看書會讓我們有智慧。

　　S綺：因為可以讓我們學到不知道的事情。

　　S恩：可以學到很多國字。

　　S閔：多認識國字看會不會寫。

　　S潔：看書會變很聰明。

　　S熙：裡面有一些沒教過的字。

　　S婷：多看一本書，長大會變聰明。

　　T：你喜歡上閱讀課嗎？為什麼？

　　S淵：因為可以學到各種不同的東西。

　　S婷：我以前不喜歡看書，現在喜歡了。

　　S芳：上閱讀課讀書會變聰明。

　　S綺：看故事書很有趣。

　　S宏：因為我比較喜歡看這裡的書，這裡看書比較有趣。

　　T：這裡的書比較多是不是？（再進一步詢問約有 10 人持有一樣的意見。）

　　S 潔：圖很好看，字又大。

　　S 婷：這裡的書很好看。（觀察 94/10/13）

　　學生對於閱讀的想法，多是平常大人所灌輸的概念，雖然他們能說出這些道理，我覺得吸引他們看書的最重要理由，應該是書中的內容，能不能引起他們的興趣，這才是吸引他們看書的直接誘因（省札 94/10/13）。

　　學生的表達雖然不夠清楚，但是仍然可以發現，大部分的孩子對繪本閱讀創造思考教學持肯定的態度。繪本閱讀創造思考教學對學生最大的影響，應該是提供了閱讀的環境、大量的書籍以及接觸書的機會，就像 S 宏說的：「我回去都寫功課、看電視，都沒有時間看書，可是在這裡我可以看很多書。」S 恩也表示家裡的書都看過了，不好看，學校裡有不一樣種類的書，所以他很喜歡。吸引學生閱讀的主要理由分析下來，很大的一部分是有趣的內容和字的多寡，此外，與生活經驗貼近的內容，也是他們的最愛。因為低年級的學生識字不多，對於字多的書感覺起來很吃力。不過，隨著閱讀時間越來越長，學生看書的類別與書中文字字數也越來越多，從學生的閱讀記錄來看，期初自然叢書幾乎乏人問津。現在，借閱的人數與次數大增，學生也會拿其中的問題去和老師討論。

　　S 婷會來問我：鴨子為甚麼會游泳？當我解釋完後，S 潔也跟著討論，因為她們是看了書後，經過討論爭執不出答

案才來問我。S 恩雖然有的時候不看文字，但是他常拿著自然圖書，來問我圖片中畫的是什麼動物，或者和我分享有趣的畫面。這對於我來說，是一大肯定與鼓舞，因為學生會主動探索讀本的內容。（省札 94/10/26）

以共同讀本和自行閱讀發表的表現來看，有共同的讀本，代表他們都有接觸同一本書的經驗，學生在分享發表時，能清楚的了解同學在說些什麼，因此在聆聽的專注力及發表反應都比較踴躍，反觀學生自行閱讀後的分享發表，聆聽者的態度和主講者的發表能力息息相關，如果口齒清晰、音量大、語文組織強，學生聽的津津有味，如果說的太長或聽不清楚，底下的學生就提不起興致，甚至不耐煩。

小組討論的結果也出乎意料之外，討論結束之後，絕大多數的孩子都表示很好玩，下次還要再玩一次。甚至在小書的創作中，學生們都要求要做兩次，可見他們都喜歡這些活動。

二、學生的閱讀行為與動機的改變

在閒暇、自修時，都可以發現學生主動拿書的情景。十一月初，我們增加新書時，有的學生看到大喊：「哇！又有新書看了。」其他學生則紛紛歡呼，這是學生對於閱讀熱情的一種展現（觀察 94/11/09）。

繪本閱讀創造思考教學改變了學生的閱讀行為與動機，他們更愛看書了。實施四個月的繪本閱讀創造思考教學，我們見到學生在獨立閱讀期間，從秩序的不易維持到很快的

進入狀況，學生們真的進步了。一些進步明顯如：

　　S 諭動來動去，有時候還睡著了。（觀察 94/09/21）

　　S 諭今天能專心的閱讀故事內容，不過在閱讀的時間上掌握是斷斷續續的，但是還是比以往的情況好很多。（觀察 94/10/26）

　　做完學校功課時，讓學生自由做事，約有四、五幾位學生拿書在看，突然看到 S 恩和 S 諭，小聲的討論故事書，S 諭似乎在問小恩問題，討論後又問坐在旁邊的 S 宏，最近 S 諭接觸書的時間變多了。（觀察 94/11/09）

　　這三段記錄代表 S 諭在三個不同階段的表現，尤其 S 諭雖然還是常常無法專心，可是他拿著書本讓教師看，或是問教師內容的頻率是增加了。顯示他在研究期間，接觸書的時間增加，同時也對讀課外書產生一些興趣。

　　S 恩在初期曾表示書不好看，但是過了幾週之後，往往可以看到他在獨立閱讀時，變得專注的樣子，並且在討論時也會表示意見。S 綺、S 淵也是改變相當大的，這兩個學生都是程度很好的學生，對學業的表現十分重視。但是對於閱讀則沒有表現出很大的興趣。S 綺期初時，她常常分心和同學講話，到最後在課餘時間卻手不釋卷。當教師詢問她為什麼以前不喜歡看書，現在卻喜歡呢？她回答說：「因為在閱讀課時，她讀到一本很有趣的書，所以就開始看書了。」（觀察 94/11/03）。S 淵則開始在許多活動中發表他對讀本的看法。如：

　　S 淵：獵人很屬害，因為他把大野狼打死。

S 淵：老師，我知道大野狼為什麼要把尾巴和耳朵藏起來。

T：為什麼？

S 淵：因為牠這樣就可以騙過小紅帽。（觀察 94/10/26）

三、語文創造力的表現

（一）說話能力、創作能力與想像力的延伸

　　寫作和閱讀，同時是文學的歷程，也是文學的出口與入口，兩者都是相當富有想像力的，讓孩子同時成為作者和讀者，將能擁有更完整的文學歷程（許慧貞譯，2001）。在實施繪本閱讀創造思考教學一個月後，學生們會主動的在空白的地方繪畫，在這些創意小書作品中，我們可以發現孩子們以圖畫為基礎，自由創作故事發展的痕跡，由此看來，兒童們的確在語文創造能力上有了更進一步的發展。

　　學生們所創作的創意小書作品，文字部分詳列如下：

　　今天是感恩節，愛達和貝蒂把晚餐烤焦了，貝蒂覺得要先燙衣服，愛達說：「我們先出去看看有沒有餐廳」，於是兩位就穿上外套上路了，他們終於找到一家餐廳了。他們吃完晚餐就回去了。（S 綺作品：感恩之門 94/10/27-1）

　　小雞和小狗是好朋友，有一天，牠們想到山上野餐，第二天，牠們跑去山上的時候，遇到了小鳥，小狗說：「你要不要跟我們去野餐」。小鳥說：「好啊！但是我沒有帶東西，我可以跟你們一起吃嗎？」小雞說：「可以啊！」牠們走啊走，

又遇到了小羊，小雞說:「你要不要跟我們去山上野餐？」小
山羊說:「好啊！我知道有一個地方適合野餐，跟我來！」小
雞說:「謝了！」小羊說:「不客氣。」於是牠們走到平野，
牠們吃飽之後，牠們玩了一下，就回家把今天的事說給爸媽
聽。

此作品中兒童所畫的圖呈現出故事內容的經過，其中有
小雞和小狗帶著山羊和小鳥鋪著地毯在野餐。(S淵作品：快
快樂樂野餐去　94/10/27-2)

有一天，一隻母雞在下蛋，下了一個蛋，過了一年，一
個蛋破掉了，一隻小雞出來了，母雞還在下蛋。又過了一年，
兩隻小雞就出來了，兩隻小雞跟在後面散步，順便到外面走
一走。再過了一年，一隻小雞又出來了，又跟在媽媽的後面
散步去了。（S閎作品：母雞下蛋 94/10/27-3）

小ㄔ起床了，上學要遲到了，小ㄔ都忘了他今天是第一
次上一年級，結果小ㄔ起床的時候，就已經遲到了，結果他
就趕快跑去上學，結果小ㄔ就被老師罵了還被罰站，媽媽我
以後不會這麼晚睡覺了。（S諭作品：早安的事　94/10/27-4）

兩個人來到迷宮裡，他們一開始就走到墳場，看到有人
走到第二關，看到好多房間，裡面有一些有怪物，有一些沒
有，我的朋友被抓走了，我就回房子，好多鬼喔！（S凱作
品：神奇的迷宮 94/10/27-5）

當小青蛙游泳得很開心，忽然，小燕子問:「你為什麼在
游泳？」小青蛙說:「無聊啊！」過了幾年，小青蛙和小燕子都
娶到一個老婆，燕子太太也在孵蛋喔!最後，蛋寶寶終於出生

了。（S宏作品：青蛙和燕子 94/10/27-6）

　　從前，有個皇后和國王想要一個小孩，一天皇后在梳頭時，一隻青蛙跳進來說：「你們會有個孩子的」，青蛙說完就跳出去，十二月的寶寶誕生了，國王說:「我們就叫她幼樂莉吧!」國王邀請十二個仙女，但是有個仙女卻沒來，因為她的名字漏掉了，幼樂莉終於長大了，幼樂莉已經十六歲，幼樂莉來到一棟頂塔，一直走，一直走，走到最高地方，裡面有老婆婆在紡織，幼樂莉跟老婆婆問好，老婆婆說：「幼樂莉可以摸」，所以幼樂莉就摸了，結果老婆婆推了幼樂莉，幼樂莉的手受傷了，所以幼樂莉就躺在床上。（S嬪作品：睡美人 94/10/27-7）

　　句子雖然簡單，但是在結構上已經能完整呈現出情節。孩子們雖然拼音不完全正確或是文句不多，但是卻沒有孩子抱怨或拒絕創作，而是盡他們所能的編造故事。

　　陳美如（1998）曾提到：兒童說自編的故事是許多能力的綜合表現，包括兒童思考邏輯、表達的清晰度和故事架構的理解，都在說故事活動中展現，這些自編的故事和他們所閱讀的故事相聯結，同時也表現出兒童的想像能力。

　　學生們在不斷的閱讀與寫作中，語文創造能力逐步的發展。又如延伸活動：故事接龍，很多學生一拿到學習單，就立刻在教室寫了起來，完全不需要和別人討論，相信這些也都是平常訓練的結果，也是因為平常經常浸淫在閱讀的環境，身邊不乏相關故事的聯結。從他們的寫作，可以看出曾經閱讀過的讀本影響，可見學生能將平時的閱讀，轉化成自

己的創作來源。

（二）上台的表現

在繪本閱讀創造思考教學中，藉由不斷的討論與分享，直接提供學生許多上台發表的機會，在課餘之暇，教師也會邀請有意願的孩子上台說故事。最令人訝異的是 S 凱因為有構音方面的問題，一向不敢在人前說話，竟然也在排隊之列。班上的孩子，因為經常上台的關係，似乎也比較不怕被同學笑，S 淵更因為在學校大方上台說毛頭小鷹的故事，被選為班級演講代表。這都是平常有上台經驗的結果。

（三）生活經驗與繪本的結合

在實施繪本閱讀創造思考教學時，往往會將故事與現實生活經驗結合，同時，也讓學生學習正確規範的養成。在閱讀「睡不著的小老鼠」故事中，我們聽到這樣的對話：

S 潔：有一次我看鬼片的時候，我晚上就睡不著，後來一直很害怕，我還把棉被蓋在頭上。

T：你當時一定很害怕。

S 潔：那天，真把我嚇死了。

S 宏：我每天看電視，晚上睡覺都會躺很久才睡著。（觀察 94/11/28）

四、弱勢學生的成長

在 94 年 11 月 09 日的觀察記錄中，有這麼一段記載：

小朋友的回答可以分成五大類：

（一）回答的迅速又有條理，富有思考能力。

（二）知道答案，表達出來的卻不理想，不能做出完整的回答。

（三）知道答案，卻不知如何表達（當老師請他回答時，卻啞口無言）。

（四）知道內容，回答時卻文不對題。

（五）只是跟著舉手，卻完全不知道老師在問什麼。（觀察 94/11/09）

前兩種學生理所當然的是大家的最愛，當他們發表時，能夠得到大家的掌聲，在討論過程及填寫學習單反應迅速，並且有很好的見解。然而我們卻發現，有一些孩子在繪本閱讀創造思考教學中是弱勢的一群。

（一）閱讀弱勢學生的成長

在獨立閱讀期間，不止一次的發現閱讀速度與理解能力的落差，規定讀完的書，有的孩子可能十分鐘已經看完文字的部分，同時可以初步理解故事的內容，而有的孩子卻可能二十分鐘仍然看不完，想要等這些孩子看完這本書，其他的孩子可能早就不耐煩了。從另一個角度看，這些學生讀一本書，吸收一本書的知識，其他速度快的學生，在同樣的時間已經讀完二本以上的書籍，吸收兩本書以上的知識，其間的差距越拉越大。我們發現，無論一年級或二年級的孩子，讀書速度快、理解力佳的孩子，家長會經常性的買書，或是家

中的藏書明顯的比另一群孩子多，家長對於閱讀課外書也多
持正向的態度，平時便常與孩子一起閱讀，也鼓勵孩子多閱
讀。

　　在閱讀方面較為弱勢的孩子，家長的職業與學歷未必是
處於低階層的，經調查其原因是家長忙於工作與孩子的親子
互動少。在家長配合度不高的方面，我們的因應之道便是盡
可能的提供書籍，規定時間要求閱讀，假日時可以借安親班
的書回去看，讓他們習慣閱讀。而一些一年級認字較慢的學
生，在規定時間還沒有看完，允許他們可以繼續閱讀，有的
時候則讓旁邊的同學讀給他聽；在發表分享時，也可以藉著
討論，不斷的重複故事情節，幫助這些孩子理解。同時，需
要利用讀出聲音來輔助理解的學生，也允許他們唸出聲音來。

　　S 熙的閱讀記錄裡，記錄了好幾本書，教師利用獨立閱
讀的時間，請他稍微描述這些書的內容，當他支支吾吾說不
清楚，或是看圖說故事，老師就進一步要求他再看一次。（觀
察 94/12/05）

　　藉由獨立閱讀時間，老師的進一步訪談，我們可以發現
這些孩子專注力提昇不少，能夠在閱讀時認真的看書，在整
個研究過程中，S 熙、S 婷、S 潔、S 諭和 S 年...等，都可以
看到他們的進步情形。

（二）發表弱勢學生的成長

　　在繪本閱讀創造思考教學的過程中，儘管教師將學生一
視同仁，提供學生機會均等的發言機會，但是對部分學生而

言，這可能是一種壓力頗大的差事。由於部分學生在發表過程中不能融入，總是只坐在座位上聽，因此，他們經常變成討論活動的旁觀者。這些孩子的特性有二：一、個性較為內向，發表聲量細微，其他的學生常因為聽不清楚，而蠢蠢欲動，甚至直言「聽不到」；二、臨場反應沒有那麼好，所說出來的言論可能與主題毫不相干，而遭到其他學生的恥笑。

為了提高這些弱勢學生發表的慾望與能力，通常運用獎勵的方式鼓勵他們，同時部分時間要求每個人輪流上台，不論是說一句、兩句都好，甚至讓他們照著書來念，以提高念出聲音的膽量，讓他們漸漸習慣大聲說。這樣的方式讓部分的學生鞭策自己去思考，在教師的省思札記上這樣記錄著：

S凱、S年原先是不太願意上台的，但是後來建議他們可以照著書念出，以減少緊張感。後來S凱甚至不是在老師要求時，也會到台前發表，我覺得對S凱來說，是很大的進步。（省札95/01/04）

（三）書寫弱勢學生的成長

在填寫學習單或書寫的作品時，大部分一年級的學生有書寫的困難及部分二年級的學生會不知所云。這些學生的成因大概有三類，一是大部分的一年級學生本身識字不多，必須以注音來呈現，如果拼音錯誤，則容易造成他人理解內容的困難。對於這些孩子，教師乃以鼓勵、修正的方式，給予正向的增強與回饋，刺激他們不斷的學習與練習：

S諭的拼音常錯誤百出，可是他總是可以寫出一大堆，

在分享時，有時我會請同學念，或是念一些寫得好的學習單或作品，通常我不會忘記把他的作品念出來，然後稱讚他：「雖然有些字拼錯了，不過內容很有意思。」看到他得意的表情，就知道他真的很高興。（省札 94/09/25）

另一種是很心急的孩子，只要老師有交代功課，一定盡快寫完交差了事，但是品質卻總是差強人意。另一種則是恰恰相反，慢慢的拖，拖到不得不寫，才動筆開始寫。

S 熙寫得很快，想要趕快交差，當我提醒他還有哪些地方可以加強時，他的回答總是：我不會。（省札 94/09/12）

S 年則乾脆偷懶，老師不注意時就不交，常常是最後交的，推論其原因是平常習慣抄抄寫寫，一旦遇到需要動腦時反而不知所措。我會允許他和旁邊的同學討論，想不出來的可以寫得少一些，但是至少要寫出一些，他在理解與想像的方面比較薄弱，我盡量刺激他一定要思考。（省札 94/10/08）

對於學生不會寫的字，教師會教他怎麼寫，並用鼓勵的方式，表示他的文句寫得很好或是想法不錯，當孩子聽到讚美時，下次更努力希望寫得更好。同樣的，讚美、鼓勵的方式用在另外兩類的學生上，也有相當的進步。當他們被教師以半強迫式的方式，改善學習單或作品後，教師總是以讚美及鼓勵的方式告訴他：「你會啊！而且寫得很好。」經由這不斷重複的過程，這些學生常常拿著寫好的半成品展示給教師看，並且請教師指導他，還需要增修內容哪些部分。由此可以看出，書寫弱勢學生已漸漸的增強信心及提昇了創作的動力。

五、家長的觀點

在從「家長對學生的語文創造力表現」的問卷中，僅有兩位家長表示孩子的表現仍嫌不足。一位家長認為孩子的寫作仍待加強，另外一位家長則認為孩子在語文表達方面「尚無突破」。大多數的家長則從多方面觀察，例如：孩子的口語表達、學習單、造句、作品等，明顯的感覺到孩子的進步。

（一）認為待加強、無法突破

1.感覺孩子有「苦思」、不知如何下筆？
2.錯字依舊很多。

陷入「苦思」的確值得深究因素，是因為情感表露問題？文字轉換的困難？教材設定的因素？亦或是其他因素？這是值得該進一步探究並以補救教學來改變現狀。在兒童對其感觸文字意境、轉變、語氣的收束，都不非常熟捻的基礎下，教師可提供具體例證指引，給予兒童明顯觀察學習的目標。

（二）認為有明顯進步

部分家長所表達的意見，如：「有進步」、「感覺有一點進步了」、「覺得下筆快多了」等，因對其理由並未說明或具體說明，故皆歸納為作文進步的範圍。不過仍有多位家長進一步描述出具體現象與情況，大體可分為四類：

1.情意表達方面

（1）可以比較靈活運用自己所學習到的文字，把自己

內心思維優美、直率的表達出來。

（2）對於喜歡的題目內容、繪本故事反映很好，下筆也不再拖泥帶水、猶豫不決。

（3）發現對新辭彙的運用、談話內容變得寬廣、思緒亦明顯的較有自信、不膽怯了。

2.文字運用與長度

（1）以前常常看不懂他寫的句子所要表達的意思，尤其寫作，常常不到幾行字，就不知道要怎麼寫下去，現在我比較安心了。

（2）已有明顯的內容，還會充分的表達自己的想法，文字的敘述越來越清楚明白。

3.文章句型鋪陳的流暢性

（1）孩子的文辭造詣雖然不是最好，但對文字的描述和想像力的發揮上，是值得被肯定的，尤其是孩子自己所寫的文章，是最值得收藏的。

（2）一篇閱讀起來流暢的文章，就是一篇好文章。

（3）孩子在經過繪本閱讀創造思考教學後，就其文章表達內容方面來說，活潑了許多，也比較優美、順暢許多。

4.閱讀、文字與呈現

（1）以前孩子對一本書的內容重點，都不是能夠很仔細欣賞或說明，現在比較能先用口述而後以文字表達出來。

（2）孩子常常拿著筆坐在那裡，等我們說一句他寫一句，現在終於可以憑著自己的想法，完成一篇短文了。

將內心思緒、情懷充分表達出來，是一件相當重要的

事。誠如家長所言：能「勇於下筆」、「不再膽怯」、「不拖泥帶水」，反應出兒童已能透過欣賞，建立文字構思基礎和行文信心，不會毫無章法，無從著手；「文字敘述清楚、明白」、「活潑、優美、順暢」，也顯示出兒童已能展現遣詞造句的順暢與段落的起承轉合的運用；「描述詳細」、「有豐富的內容」則說明白了學生已能將情感藉自己所學之文字，表達在書面上，不再只是三言兩語、草草了事，而思緒、情感流露也變得較敏銳、豐富。

六、繪本閱讀創造思考教學檢討

儘管在繪本閱讀創造思考教學中，我們看到許多正面的例子，但是在實施過程中，也看到一些需要改進的地方。

（一）現實環境的限制

理想終究要落實於現實，當我們將研究設計進行實施時卻發現，現實的環境總是帶給我們一些困擾，因此，我們必須想辦法去一一克服。儘管如此，仍然有一些不盡完美的地方。

1.學生課業的壓力

雖然九年一貫的課程增加了許多彈性，但是家長們對於學校的課業仍然相當重視，因此常要求以課業為重，尤其在月考的前一週，不免俗的一定要停下閱讀的腳步，做複習的工作。因此在這個部分，我們常常鼓勵學生多利用零碎的時間來補足。

2.硬體設施不足

在繪本閱讀創造思考教學期間，由於教學場所並未購置很多的器材設備（如：電腦、單槍投影、錄放影機等），也尚未爭取到購置新器材設備的經費，導致沒有新興器材設備可供教師運用。教育資源設備的不足，讓教師喪失許多變化課程的機會。

3.書籍的不足

並非每一套繪本都適合每位學生，繪本的來源也不是源源不絕，想要讓學生充分而大量的閱讀，需要更多的圖書。然而這個想法無法在班級中實現，在我們的研究過程中，雖然有國科會研究經費的補助與家長熱心的提供，但是對於喜歡閱讀的學生而言，仍舊不夠。因此，只能靠學生在家長陪同下，到各大圖書館借書，但是並不是每一位家長，都重視課外書籍的閱讀。所以，除了教室內固有的圖書外，補充書籍的來源，就靠著教師在圖書館借來的書以及學生們主動帶著家裡的書來相互交換。這也是教師在實施繪本閱讀創造思考教學時，需要克服的難題。

（二） 閱讀環境的營造

在刻意的營造氣氛下，大部分的時間學生得以各司其職，但是有一些時候，難免有學生情緒波動，因此，所有的學生並不是每一個時刻都能安靜的享受閱讀。尤其是教室的座位都很靠近，當其中一個學生情緒不佳或是注意力不集中時，便很容易影響到其他的學生。這些學生可能不是長期的，

也不固定是哪些學生，可是只要一發生，就會影響坐在附近的學生。

S 婷在整理書包的書，動作太大，便和坐在後面的 S 宏吵了起來。（觀察 94/09/30）

S 諭一直指著自己的書給旁邊的 S 閎看，變成兩個人共看一本書。（觀察 94/10/03）

S 恩、S 凱一直嘻笑，完全不管其他的人，直到老師制止。（觀察 94/10/17）

S 淵、S 嬪已看完書，似乎也不想再看其他的書，於是討論起來，不知道在說什麼，但是 S 芳與 S 瑄不久也加入。（觀察 94/11/24）

也許是因為教學的時間過長，或者有時候一成不變的流程，易讓學生產生疲乏，尤其是低年級的學生定性較不夠，專注力無法持續，所以必須採用多樣化的活動，從這個觀點來看，我們還是必須採取一些延伸活動，以維持學生們對繪本閱讀創造思考教學的新鮮感。

第二節　教師的專業成長

由於教師第一次進行繪本閱讀創造思考教學，因此，面對不少壓力與挑戰，但也因為這項新的嘗試，讓教師對繪本閱讀創造思考教學有了更深一層的體認。

一、個人觀念的轉變

（一）傳統概念的解套

　　起初教師還是會被舊有的觀念所束縛：擔心班級秩序會不會失控、擔心學生是否有能力獨立閱讀、擔心學生是否能學有所成。但是在實施過程中，教師發現這一切都是多慮，儘管一開始的秩序需要花時間整理，但是當學生逐漸被書中世界所吸引時，絕大多數的人不需要再殷殷叮嚀了。反倒是因為老師的不放心，說了太多，當他們聽煩了，才會心不在焉。在研究的歷程中，開始將〝教師〞的角色，從教導者轉化成引導者、協助者。

　　在期初，我太過於期望一個控制下的場景，這是老師傳統意識作祟，實施過程中，我慢慢學習放下，我的角色是：仔細聆聽、適當回應、必要的排解或終止發言的協助者。（省札 95/02/06）

（二）增加教學方式的彈性

　　我們一直受到傳統的教育洗禮，難免的也影響教學方式，尤其長久在這個教學環境中，連帶的會造成態度上的僵化與看法的主觀。於是教學方法偏向講述、發表。在教師的省思札記中，我們看到教師發現同樣的教學內容，也可以用不同的教學方式來呈現，而且更能得到效果。

　　在做「讓路給小鴨子」的扮演體驗活動時，學生將自己

的感受說出來，我很訝異的發現，他們所說的感受與真正的情況幾乎一樣。在這樣的基礎上，學生經歷過後，更體會媽媽帶小孩時的辛勞，也更懂得感恩。當我們做小組討論時，我也震撼的發現，有一、兩組以他們自己的方式分工合作。雖然也有爭執、衝突，但在這個過程中，我發現學生在學習處理紛爭與合作的機制，也許第一次做得不夠好，但是這個過程更讓我覺醒，未來我的教學方式可以再多做變化，學生的表現慾望是無休止的，我將在其他的課程中增加學生上台的機會，他們更容易融入，這是我在實施創意閱讀教學時，與學生的互動中產生的變化。（省札 94/09/28）

教師個人思維的轉變影響，其實不僅在於繪本閱讀創造思考教學的理念，在其班級經營的方式、對待學生的態度與處理教學材料的方式，都連帶的受到影響與修正。這些轉變讓教師以更開放的心去處理周遭的人、事、物，而且也更圓融了。

二、建立與人互動的機制

（一）與學生的互動

孔子說：「三人行必有我師焉。」從學生的身上，教師也學到人的潛力與思考是無窮的。因為研究的對象是一、二年級學生，一開始教師總是擔心學生無法表現出我們期望的目標。但是，在研究過程與學生互動，教師卻漸漸發現學生有潛力表現不一樣的想法。

　　一開始，我發現自己忍不住要跳出來，請學生說話聲音大一點，或幫學生的話下注解，或再解釋一次給他們聽。漸漸的，變成提醒的人是其他的小朋友。然後我從他們的反應意識到，如果我一直替他們下注解，學習的責任便無法轉移，學生語文組織能力的培養，不能只是聽老師說，而是需要多元的訓練，有了這層體認，我才發現做的其實還不夠，還有很大的努力的空間。（省札 94/10/09）

（二）調適與家長的互動

　　九年一貫後，教學強調親師之間的互動，在整個繪本閱讀創造思考教學的實施歷程中，家長的角色是配合假日的閱讀活動。但是研究卻發現，班上的家長對閱讀其實有不同的看法。多數的家長肯定閱讀是有益處的，他們也支持老師，卻不一定積極配合鼓勵學生的閱讀行為。其中原因有重視學校課業勝於課外活動、工作很忙無暇顧及或是對學生採放任的態度。因此，教師也一直在教學過程中轉換學習單的呈現方式，並伺機和家長溝通繪本閱讀創造思考教學的理念。仍有少部分的家長，完全不重視課外閱讀，對他們而言，將學生的課業關照好既可，家長無力、也無心去顧及，對於這些無法配合的家庭，教師就只能反求諸己，盡量以有限的資源，提供學生最大的幫助。

三、增加批判、思考與反省的能力

(一) 提昇自我專業知能的挑戰

在研究過程中，難免遭遇困境，例如：討論過程時，部分學生的不知所云；課程的安排，如何切合實際；或是部分活動的討論，引不起學生的興趣等。每當教師遇到困境時，便會刺激她進一步尋找相關的文獻來改進教學，以蒐集到的資料檢討改進的空間，這便是教師自我提昇專業知能的原動力。

往常看到文獻，總是想如何將其具體作法搬到自己的教學中，雖知其然卻不知其所以然，並沒有做通盤整體的考量。在這段時間，思索策略的理念與原則變成是最重要的，從理念延伸出來的策略，能夠有一個整體性，施行於教學現場時，不至於茫然而無所從，也不會分裂沒有焦點。不論在繪本閱讀創造思考教學的實施或是班級經營的理念，我覺得都是相輔相成的。（省札95/12/12）

(二) 增加自我覺察、反省的能力

從整個研究歷程中，教師獲得最佳的訓練就是增加自我覺察的能力，從學生的回饋以及反省的摘錄過程中，使教師有機會重新回顧自己的教學流程，提供自我覺察、反省、評估與修正，透過不斷的自我對談、自我批判的行動研究，訓練教師自我覺察與反省的能力，然後轉化成下一次實際的行

動，不論是對教師、對學生都是獲益良多。

（三） 增加行動的能力

雖然教師平時在教學工作中也做了許多的行動，但是有時並不是有完整計畫、有組織的行動，也鮮少去反省行動後所帶來的影響。在此次繪本閱讀創造思考教學的運作中，使教師學習到了教師的教學行動與學生的學習息息相關，也訓練教師自己去批判反省行動背後的意義。在教師的省思札記中，有這樣一段紀錄：

「老師可以準備一份教材度過一輩子」這句話時有耳聞，面對瞬息萬變的教育現場，這句話是大錯特錯。想提昇自己的專業素養，我覺得不論是批判、反省、思考的能力要具備，行動的能力更是不可或缺，而這些是在我經歷過行動研究後，更加明白，知其所以然的行動，才能對自己的教學專業有所助益，也讓學生感受到更好的教學品質。類推到其他的教學中，所增加的行動能力，是積極的投入，多方的思考，有計畫的執行，從這個過程中，提高了我執行行動的自信心，讓我能以更積極的態度面對教學。（省札 95/01/06）

四、對繪本閱讀創造思考教學想法的轉變

（一） 給學生釣魚的方法

如果說，我們只是教他們去討論一本一本的書籍，倒未必對學生產生長久的影響。透過繪本閱讀創造思考教學，讓

學生喜愛閱讀、享受閱讀，沉浸在故事內容的想像空間，激發自己的無限創意。教師在教學日誌中，做了這樣的決定：

　　我想，繪本閱讀創造思考教學應朝向讓學生有機會經常性的接觸書籍，讓他們知道該如何從事閱讀，以及有機會去體會如何將閱讀與實際生活相結合。（省札 94/10/12）

（二）為學生開一扇窗，窗口的風景讓學生自己領會

　　繪本閱讀創造思考教學是用來豐富孩子的想法，但是孩子的想法可以用「教」的嗎？我們可以塑造學生創意的環境、氣氛，提高他們融入的情境，不過，學生能獲得多少是我們無法預期的。繪本閱讀創造思考教學其實是一種歷程，因為有這一段歷程，在學生的學習生活中留下痕跡。其實當教師很急切的想將故事內容及文本知識灌輸到學生身上時，學生卻不一定全盤接受，因此，在這一段過程中，教師學習到如何放下。

　　班上的 S 婷從家中看到她覺得好看的書，就拿來借我看，她跟我說，老師這本書很好看喔，我已經看完了，借你看完再還我，當時我心中起了一陣漣漪。因為她感受到繪本閱讀的快樂，也認為我可以分享她的快樂，所以她才會和我分享。繪本閱讀本來應該是件快樂的事，我也應該將這個快樂傳達給學生，這才是閱讀創造思考教學的真諦，也就是我所希望的走向。（省札 94/11/21）

（三）學習單的省思

　　以往總認為學習單是一種制式的工具，在實施過程中，我發現學生對於學習單畢竟還不是全然的排斥，當他們對於讀本非常有感覺，或是學習單的形式感到有趣時，他們也會對學習單的填寫樂在其中。（省札 94/12/04）

　　學習單的形式應該要擺脫一成不變的格式，就算是設計好的學習單，也可以允許學生做不一樣的呈現。因為制式的學習單，學生寫久了容易產生疲乏，因此，有些只願意閱讀，但不喜歡用文字記錄的孩子，會主動要求在學習單的背面畫畫或書寫文字，這真的很奇妙，也再一次驗證學生對於主動自發的行為不會排斥。可惜的是學生的塗鴉，往往是不經意的、隨手的，很難留下完整的紀錄，不過至少提供了未來教學者思考書面資料呈現的另一種選擇。

第六章　結論與建議

第一節　結　論

　　本研究嘗試將繪本閱讀創造思考教學，實際施行於國小一、二年級兒童，希望對國小低年級兒童語文創造力產生影響，引發學生閱讀興趣以及持續性創作的動機，並觀察在實施過程中所遭遇的困境、解決問題的行動策略與成效。

　　茲將本研究之重要結論分述如下：

　　一、繪本閱讀創造思考教學在低年級的教室中是可行的教學策略之一，透過不同的形式及教室情境的安排，能提供學生正向的反應。

　　（一）在一、二年級教室中的繪本閱讀創造思考教學，可以透過不同的形式，來建立學生的閱讀習慣。在研究中，安排固定時間，從事閱讀以及延伸活動，讓學生習慣在固定時間閱讀與創作，長久下來便能養成閱讀和創意思考的習慣，並建立與同儕分享、討論的文化，對於將文學作品內化後，再轉換成自己的語文表達模式，有一定助益。

　　（二）教室中豐富的課外書，良好的閱讀示範者、提供

閱讀與選擇閱讀材料的機會，都是提升學生閱讀動機的動力。現在雖然很多家長與老師在推行閱讀活動，但是通常是以老師規劃決定的讀本為主，學生們所閱讀的是指定的教材，缺乏選擇的權力。本研究之繪本閱讀創造思考教學，能獲得學生的喜愛與支持，其主要原因乃是由於書籍能大量提供，使學生在閱讀時，可以人手一本，教室裡更提供豐富課外書籍的資源（包括學生自帶的交換書籍）。此外，因為同儕的相互學習，學生對於閱讀的故事材料，表現出高度的興趣，充分引發學生的學習動機。

（三）學生之間的互動，有助於學生在閱讀與語文能力的成長。本研究發現，學生經由分享的過程，能夠澄清觀念，有助於釐清故事的情節，增加對讀本的興趣。同時，給予學生語文發表的機會，也有助於學生對自我的肯定與成就感的獲得。相對的，聆聽的學生也容易與發表或表演的學生產生共鳴。

二、繪本閱讀創造思考教學的規劃，應考慮學生的能力與興趣，尤其延伸活動需多元化，並與其他課程相結合，才能產生最大的共鳴。

（一）在引導教學部分，對於故事主題或概念，不需要一開始就一再加強，以免適得其反，先從最貼近學生興趣的部分著手，例如：讓學生發揮其想像力，預測故事情節，或是以生活相結合的經驗作為引導，在腦力激盪下，能給學生適度的挑戰，也能提高學生對於即將要閱讀的繪本產生興趣。

（二）選擇或設計的延伸活動宜多元化，例如：體驗活動、預測活動、角色扮演、故事接龍、語詞創作、小書製作、

重述故事等，都是可以提供的語文活動。

（三）閱讀學習單的內容不宜太難，本研究發現可提供較多繪畫空間的學習單較受學生青睞。另一個影響填寫學習單意願的因素是學生是否對繪本感興趣。當學生對這本書很有感覺時，他們比較樂意填寫學習單。

（四）閱讀不應是孤立於正式課程之外，許多正式課程可以配合故事讀本規劃出不一樣的呈現方式。本研究發現，很多故事內容的情境和學校的生活課程、綜合課程與語文課程都有相關，我們可以運用繪本閱讀教學為正式課程開啟另一扇窗，將故事讀本與課程結合，不讓學生覺得閱讀是附加的課業。

三、在實施繪本閱讀創造思考教學時，應重視到弱勢學生的照顧，以避免呈現兩極化的反應。

在繪本閱讀創造思考教學活動中，應適時照顧弱勢學生，給予充分的機會表達其意見，增加他們發表與正增強的機會，同時應設法提供他們缺乏的資源，如閱讀機會與書籍等，以增加他們進步的原動力。

四、教師在行動研究過程中，提昇本身的專業成長，增加批判思考、行動能力。

（一）教師經由行動與研究結合的過程中，不斷的省思、修正與轉變，提昇專業的成長。在進行行動研究的過程中，了解一個教師應具有反省思考，不怕修正的能力，不論在教學技巧方面，或是在對待學生的心態上，藉由行動研究，都能重新審視一次，有了反省思考，才能面對問題、解決問

題。在進行繪本閱讀創造思考教學的過程中,教師必須去思索時間如何安排調配,活動過程的安排與教學技巧,甚至身為一個團體的領導人,如何凝聚團員在這個團體的向心力,都是考驗著教師的專業知能,也因為遭遇許多的困境,讓教師有動力翻查資料,再重新出發,提昇自己的專業能力,並實際運用於教學現場,這都是教師在行動研究中所得到的成長。

　　(二)教學時教師的角色應該以引導者自居,將學習的責任歸給學生,並給予學生充分的自主權。當老師學習放下,自然能增加更多的教學彈性。在教學過程中,教師應該靜下心來聽一聽學生的聲音,讓學生有機會相互激盪並澄清他們的想法。學生真正的學習是從互動中產生,老師不應介入太多,學生才有機會藉由社會性的互動調適其想法,而老師也能藉由學生的回饋,隨時調整自己的教學。

　　(三)教師能虛心的接受他人意見、適度的調整與家長、老闆的溝通方式,有助於豐富教學經驗。一個人思慮有限,能夠得到多方的意見,修正與檢證不足的地方,並調整自己的作法與想法,也有助於專業知能的提昇。

第二節　建　議

一、繪本閱讀創造思考教學方面

(一)繪本閱讀創造思考教學提供學生充分的學習權,

不只侷限於教師所提供的活動，也讓學生有機會將自己看到、學到的分享給同儕，能夠建立他們的自信心，激發他們學習的原動力。

（二）很多繪本的情境和我們學校的生活課程、綜合課程與語文課程都有相關，未來各課程的主題教學，可以結合繪本閱讀創造思考教學，做更深入的探討。尤其現行九年一貫的課程，教材普遍簡單化，許多課程的內容精簡，若以繪本閱讀融入創意教學應是一項不錯的選擇，故事內容的豐富性與完整性，往往能提供學生更具印象、更豐富的收穫。只要我們能善加利用繪本故事內容，運用創意巧思配合現行教材，設計出適合學生的單元課程，必能激盪出更多的火花。

二、繪本方面

教室可以設置多樣化的繪本。低年級學生喜歡的繪本，通常都是從耳熟能詳的故事開始。我們應該給孩子更多樣化的書籍，讓學生有機會試探自己的興趣所在。至於圖書資源不足的地方，也可以請家長協助。例如：本班為解決圖書數量的不足，除了老師定期向圖書館借書交換外，也請家長踴躍提供，或鼓勵學生帶家裡的書來做交換閱讀。

三、學校與家長方面

（一）學校與家長應給予教師更多的空間。在實施繪本閱讀創造思考教學時，因為部分家長過於注重學生的課業成績，常因學生的成績表現不佳，而干預教師推行繪本閱讀創

造思考教學，幸好多數家長與校方給予老師很大的自主權，教師才能順利推行自己的理念，因此想要讓教師放手實施繪本閱讀創造思考教學，勇於求新求變，學校與家長的配合與支持十分重要。

（二）設備與書籍資源的協助。實施繪本閱讀創造思考教學需要相當的書籍資源，由於本研究獲得國科會經費的補助，學生得以人手一冊。但是在硬體設備與資源方面，尚嫌不足，使課程喪失許多改變的機會。

四、後續研究方面

實施繪本閱讀創造思考教學對兒童語文創造力的影響，我們看到了正向的效果，至於兒童的閱讀習慣、態度及動機能否持續，仍需要後續的觀察與深入探討。

誌　謝

本研究為國科會大專生參與專題研究計畫之研究成果，感謝國科會在經費上的支助，承蒙參與本研究之所有教師、學童與家長鼎力相助，特此一併致謝。

參考書目

一、中文部份

毛連塭（1995）。資優教育：課程與教學。台北市：五南圖書公司。

毛連塭、郭有遹、陳龍安、林幸台（2000）。創造力研究。台北市：心理出版社。

王淑娟（2003）。兒童圖畫書創造思考教學提升學童創造力之行動研究。國立台南師範學院國民教育研究所碩士論文，未出版，台南市。

李連珠（1991）。將圖畫書帶進教室 ── 課室內的圖畫書。國教之友，43（2），頁 31-36。

李梅齡（2004）。氣質、創作性戲劇教學、情緒調節與中大班幼兒創造力之關係。國立中山大學教育研究所碩士論文，未出版，高雄市。

李德高（1992）。創造心理學。台北市：五南圖書公司。

沈添鉦、黃秀文（1997）。全語教學在小學語文課實施的活動設計舉隅（一）。教師之友，38（3），頁 30-36。

林幸台（1998）。傑出科學家之創造力特性及開發創造力模式

之研究 ── 子計劃三：歷史角度之探討。行政院國家科學委員會專題研究計畫成果報告 NSC 87-2511-5-003-063。

林真美（1999）。在繪本花園裡 ── 和孩子共享繪本的樂趣。台北市：遠流出版社。

林敏宜（2002）。圖畫書的欣賞與應用。台北市：心理出版社。

林秀桂（2002）。國語文教學輔導現況。教師之友，43（4），頁 23-25。

邱雅暖（1999）。兒童文學作品中的生死教育。書府，20，頁 39-51。

邱琡雅（1996）。幼兒圖畫書的欣賞與應用。蒙特梭利雙月刊，7，頁 29-31。

柯華葳、幸曼玲（1996）。討論過程的互動 ── 年齡與推理能力的影響。皮亞傑與維高斯基的對話會議手冊。台北市立師範學院兒童發展中心。

秦麗花（2001）。教師行動研究快易通。台南市：翰林出版社。

夏林清譯（1997）。行動研究方法導論：教師動手做研究。台北市：遠流出版社。

馬祥來譯（1999）。圖畫書符碼概論。兒童文學學刊，3，160-182。

許慧貞譯（2001）。打造兒童閱讀環境。台北市：天衛文化圖書有限公司。

許寶蓮（2002）。小兵立大功 ── 論語文教學。教師之友，43（4），頁 15-19。

莊美珍（2002）。動態的語文教學活動。國教天地，147，頁
　　96-97。

教育部（2001）。創造力政策教育白皮書。台北市：教育部。

陳淑惠（1996）。台灣地區學生創造力發展及其相關因素之研
　　究 —— 年級、性別、教師教學創新行為、父母教養態度、
　　社會支持與創意經驗、創造思考能力之關係。國立政治大
　　學教育研究所碩士論文。

陳美如 （1998）。台灣語言教育政策之回顧與展望。高雄市：
　　復文。

陳龍安（1984）。創造性思考教學對國小資優班與普通班創造
　　思考力之影響。國立台灣師範大學心理與輔導研究所碩士
　　論文。

陳龍安（1999）。創造思考教學的理論與實務。台北市：心理
　　出版社。

陳龍安、朱湘吉（1993）。創造與生活。台北市：國立空中
　　大學。

陳惠邦（1998）。教育行動研究。台北市：師大書苑。

郭有遹（1989）。創造力與特殊才能。載於毛連塭等合著。創
　　造力研究，頁 126-210。台北市：心理出版社。

郭麗玲（1991）。在畫中說故事的「圖畫書」。社教雙月刊，
　　46，20-33。

黃幸美（1993）。老師如何從遊戲中培養兒童的創造力。教育
　　研究，22，頁 61-64。

黃瑞琴（1996）。質的教育研究方法。台北市：心理出版社。

黃永和　（1996）。國小實習教師數學學科教學知識之個案
　　研究。國立新竹師範學院初等教育研究所碩士論文。

單文經（2002）。課程與教學。台北市：師大書苑。

張春興（1996）。張氏心理學辭典。台北市：東華出版社。

張玉成　（1999）。教師發問技巧。台北市：心理出版社。

張玉成（2001）。創造思考教學在九年一貫課程實施上之應
　　用。載於創造思考教學在九年一貫課程中之運用學術研討
　　會論文集，頁 12-27。台北市：中華創造學會。

張世彗（2003）。創造力 —— 理論、技術/技法與培育。台北
　　市：五南圖書公司。

游健宏（2003）。CoRT 創造思考教學對國小資優班學生與
　　文創造能力學習成效之研究。國立台灣師範大學碩士論文。

葉玉珠（2000）。「創造力發展的生態系統模式」及其應用
　　於科技與資訊領域之內涵分析。教育心理學報，32（1），
　　頁 95-122。

董奇（1995）。兒童創造力發展心理。台北市：五南圖書公
　　司。

賈馥茗（1979）。英才教育。台北市：開明出版社。

簡楚瑛、陳淑芳（2003）。創造力在幼兒階段的特質實踐和
　　傳遞歷程(1/3)。國科會專案計畫報告（NSC91-2522-8-004-
　　005）。台北市：政治大學幼教所。

蕭富元譯（1999）。創意有方。台北市：天下文化。

詹志禹（2002）。「創造力」的定義與創造力的發展。教育研
　　究，100，頁 117-124。

蔡清田（2000）。教育行動研究。台北市：五南圖書公司。

鍾敏華（2004）。繪本與兒童語文創造力。師友，442，頁 74
～78。

魏金財（2006）。幫孩子繼續寫下去。
http://residence.educities.edu.tw/wei3128/indexmenu.htm.

蘇振明（2002）。圖畫書的定義與要素。載於徐素霞（主編）：
臺灣兒童圖畫書導覽。台北：國立台灣藝術教育館。

二、西文部份

Amabile, T. M. （1983）. *The social psychology of creativity*.
NewYork, NY: Springer-Verlag.

Amabile, T. M. （1988）. A model of creativity and innovation
in organizations. *Research in Organizational Behavior*, *10*,
123-167.

Amabile, T. M. （1997）. Entrepreneurial creativity through
motivational synergy. *Journal of Creativity Behavior*,*31*（1）,
18-26.

Amabile, T. M., Conti, R., Lazenby, J., & Herron, M. （1996）.
Assessing the work environment for creativity. *Academy of
Management Journal*, *39*（5）, 1154-1184.

Amold,R（1991）.*Writing Development：Magic in the Brain
Milton*. Open University Press.

Berk, L. E.（1994）. *Child development*（3rd ed.）. Boston：

Allyn and Bacon.

Cook, L. K. & Mayer, R. E. （1983）. *Reading strategies training for meaningful learning for Prose. Cognitive strategy research.* New York: Spring-Verlag.

Csikszentmihalyi, M.（1990）. The domain of creativity in M. A. Runo & R. S. Albert （Eds.）., *Theories of creativity* （pp. 190-214）. Newbury Park, CA: Sage.

Csikszentmihalyi, M. （1999）. Implications of a systems perspective for the study of creativity. In R. J. Sternberg （Ed.）, *Handbook of creativity* （pp.313-335）. Cambridge, UK: Cambridge University.

Dacey J.S. （1989）.Peak periods of creative growth across the lifespan. *The Journal of Creative Behavior,23*（4）,147-224.

Davis, G. A.（1986）. *Creativity is forever（2nd ed.).* Dubuque , Iowa : Kendall/Hunt .

Feldhusen, J. F., & Treffinger, D. J. （1980）. *Creative thinking and problem solving in gifted education.*Texas: Kendall/ Hunt Publishing Company.

Feldhusen, J. F. （1995）. Creativity: Aknowledge base metacognitive skill and personality factors. *Journal of Creative Behavior, 29*（4）, 255-268.

Gardner, H. （1993）. *Creating minds.* New York: Basic Books.

Gallagher, J. J. （1994）. *Teaching the gifted child* （*4th ed..).* Boston, MA: Allyn and Bacon.

Guilford, J. P. （1950）. Creativity. *American Psychologist, 5,* 444-454.

Hlower,C. & Hayes,J.R（1986）.A Cognitive Process Theory of Writing. *College Composition and Communication, 33,* 365-387。

Hocevar, D. (1981). Measurement of creativity review and critique . *Journal of Personality assessment , 45*（5）, 450-464.

Howe, R. （1997）. *Creative Problem Solving approaches processes for teaching and doing creative activity.* Handbook of seminar on instruction for creative thinking. Taipei: NTNU.

Huck, C. S., Hepler, S., Hickman, J. & Kiefer, B. Z. （1997）. *Children's literature in the elementary school.* （6th ed）. Americn: McGraw-Hill, Inc.

Isaksen, S. G & Dorval K. B. & Treffinger D. J. （1994）.*Creative Approaches to Problem Solving.* Iowa： Kendall/Hunt Publishing Company.

Joyce, B., Weil, M., Calhoun, E. （2000）. *Models of teachings.* Boston, MA： Allyn and Bacon.

Kiefer, B. Z （1982）. *The response of Primary children to Picture Books.* The Ohio State University.

Lubart, T. I., & Getz, I. （1997）. Emotion, metaphor, and the creative process. *Creative Research Journal, 10*（4）,

285-301.

Mellou, E. （1996）. The two-conditions view of creativity. *Journal of Creative Behavior, 30*（2）, 126-149.

Osborn, A. F.（1956）.*Applied imagination（8th ed.）*. New York：Charles Scribner's Son's.

Oldham, G. R., & Cummings, A.（1996）. Employee creativity: personal and contextual factors at work.. *Academy of Management Journal, 39*（3）, 607-634.

Parnes, S. J.（1967）.*Creative behavior guidebook*.NY：Scribner's.

Perkins, D. N.（1981）. *The mind's best work. Cambridge.* MA: Harvard University Press.

Ross, S. M. & Divesta, F. J.（1976）. Oral summary as a review strategy enhancing recall of textual material. *Journal of Education Psychology, 68,* 689-695.

Runco, M. A. （1996）. Personal creativity: Definition and developmental Issues. *New Directions for Child Development, 72,* 3-30.

Runco, M. A., & Walberg, H. J. （1998）. Personal explicit theories of creativity. *The Journal of Creative Behavior, 32*（1）, 1-17.

Siau, K. L. （1995）. Group creativity and technology. *Journal of Creative Behavior, 29*（3）, 201-216.

Stein, M. I.（1974）.*Stimulating Creativity*.NY：Academic Press,

Inc.

Sternberg, & Lubart （1995）. *Defying the crowd: Cultivating creativity in a culture of conformity.* New York, NY: Free Press.

Sternberg, R. J., & Lubart, T. I.（1996）. Investing in creativity. *American Psychologist, 51 ,* 677-688.

Torrance, E. P. （1988）. The Natural of Creativity as manifest in its texting. In R. J. Sternberg （Ed.）, *The Nature of Creativity* （pp. 43-75）. New York: Cambridge University Press.

三、繪本部份

世一編輯部（2007）。小紅帽。台南：世一。

周正滄譯（2005）。睡不著的小老鼠。Antonie Schneider 文，Eugen Sopko 圖。台中：九童國際文化。

周正滄譯（2005）。莎拉的柳樹。Friedrich Recknagel 文，Maja Dusikova 圖。台中：九童國際文化。

柯倩華譯（2000）。毛頭小鷹。Robert Kraus 文、圖。台北：上堤。

張瑩瑩譯（2005）。長靴貓。Catherine Solyom 文，Tony Wolf 圖。台北：台灣麥克。

畢璞譯（1995）。讓路給小鴨子。Robert McCloskey 文、圖。台北：國語日報。

附錄一　繪本閱讀創造思考教學教材內容介紹

睡不著的小老鼠故事內容

Antonie Schneider　文，Eugen Sopko　圖　周正滄譯

「這裡太黑了!」小老鼠抱怨說，這樣她睡不著。

老鼠爸爸點了燈，可是，小老鼠又嫌「枕頭太硬」，而且，「門不可以關起來。」

老鼠爸爸很有耐心，為每個問題都找出了解決的方法，最後，一個帶有詩意的床邊故事終於讓小老鼠沉睡了。

莎拉的柳樹故事內容

Friedrich Recknagel　文，Maja Dusikova　圖　周正滄譯

莎拉的柳樹莎拉非常傷心，因為她心愛的柳樹被鋸倒在地上。在她夢裡出現的樹的精靈，現在要住到哪兒去呢?

莎拉的爸爸有個很棒的主意:他從柳樹上剪下一截柳枝，和莎拉一起將它種在地上。

莎拉很快就發現柳枝柳頂端上長出新的葉子，她好高興。樹的精靈又有地方可以住了。

毛頭小鷹故事內容

Robert Kraus 文・圖　柯倩華譯

毛頭小鷹愛表演。爸爸為它準備了當醫生的玩具和當律師的玩具，希望它將來當個醫生或律師；媽媽安排它去上表演課，認為它的天份應當發揮在演員或劇作家上。

於是毛頭演了一齣戲，毛頭小鷹討好爸爸也討好媽媽，所以，兩人相信寶貝兒子將來將正如自己的期待。後來呢，毛頭小鷹成為什麼呢？

書中的山高水長中，小小的小鷹提著一小桶水，到底是什麼呢？

原來是救火員！

出人意表的結局，卻讓人省思：為人父母的總不免望子成龍、望女成鳳，但孩子才是自己生命的編寫者與演出者啊！我們所認為的好與壞，又是否真是對孩子的好與壞？

讓路給小鴨子故事內容

Robert McCloskey 文・圖　畢璞譯

野鴨馬拉夫婦為他們即將出世的鴨寶寶們尋找新家。一天，正當牠們飛到波士頓上空時，因為覺得十分疲憊，於是

決定在此地一座公園池中的小島上歇一晚。

隔天清晨，牠們尾隨一艘遊船，覓得遊客丟給牠們的花生米，心中十分喜悅，正打算在此定居，卻於上岸時，差點被騎單車的小男孩撞倒，於是打消了定居的念頭，又繼續尋找新家。

最後，他們飛往附近的查爾斯河樹叢裡，決定在那兒築巢。在待產期間，馬拉夫婦在河岸散步時，遇到了好心的警察伯伯米其爾餵食他們花生米，以後牠們便時常造訪米其爾。

不久，馬拉太太順利產下八顆蛋，並平安的孵化，為了照顧新生的寶寶，馬拉夫婦變得十分忙碌。

後來，馬拉先生決定再做一次旅行，並和馬拉太太約好一星期後，在公園見面。馬拉太太利用這一個星期的時間，教導鴨寶寶們學習游泳、潛水、抓蟲、閃躲車子的技巧。

很快的，一星期過了，馬拉太太率領八隻鴨寶寶準備去找馬拉先生，在穿越波士頓的市區街道時，卻遭到一路上急駛的汽車猛按喇叭，嚇得牠們呱呱大叫，大家亂成一團。幸好即時遇到警察伯伯米其爾的協助，幫忙指揮交通，才得以安全過馬路。

好不容易，馬拉太太和牠的鴨寶寶們終於抵達公園，在池塘對岸的小島上，與馬拉先生團聚，全家也決定在此定居下來。

小紅帽故事內容

世一編輯部　文・圖

　　從前有個可愛的小姑娘，奶奶送給小姑娘一頂用絲絨做的小紅帽，戴在她的頭上正好合適。從此大家便叫她“小紅帽”。

　　有一天，媽媽對小紅帽說：這裡有一塊蛋糕和一瓶葡萄酒，快給奶奶送去，奶奶生病了。

　　小紅帽剛走進森林就碰到了一條狼。小紅帽不知道狼是壞傢伙，所以一點也不怕它。

　　狼在心中盤算著：“這小東西細皮嫩肉的，味道肯定比那老太婆要好。我要講究一下策略，讓她倆都逃不出我的手心。”於是陪著小紅帽走了一會兒，然後說：“小紅帽，你看周圍這些花多麼美麗啊！幹嗎不回頭看一看呢？還有這些小鳥，它們唱得多麼動聽啊！你大概根本沒有聽到吧？

　　小紅帽抬起頭來，看到陽光在樹木間來回跳蕩，美麗的鮮花在四周開放，便想：“也許我該摘一把鮮花給奶奶，讓她高興高興。

　　就在此時，狼卻直接跑到奶奶家，衝到奶奶的床前，把奶奶吞進了肚子。然後穿上奶奶的衣服，戴上她的帽子，躺在床上，還拉上了簾子。等到小紅帽一到，狼就從床上跳起來，把小紅帽吞進了肚子，狼滿足了食慾之後便重新躺到床上睡覺，而且鼾聲震天。

　　一位獵人碰巧從屋前走過發現躺在那裡的竟是狼。他正

準備向狼開槍，突然又想到，這狼很可能把奶奶吞進了肚子，所以就拿把剪刀，把狼的肚子剪開來，把小紅帽和奶奶救出來了。小紅帽趕緊跑去搬來幾塊大石頭，塞進狼的肚子。狼醒來之後想逃走，可是那些石頭太重了，站起來就跌到在地，摔死了。三個人高興極了。獵人剝下狼皮，回家去了；奶奶吃了小紅帽帶來的蛋糕和葡萄酒，精神好多了。

長靴貓故事內容

Catherine Solyom　文，Tony Wolf　圖　張瑩瑩譯

　　磨坊主人遺留下來的僅有的財產，只有 1 間磨坊、1 隻驢和 1 隻貓。這些少到根本不夠出請律師和公證人，所以 3 兄弟便自行分配了父親的遺產，所以最小的兒子只得到了 1 隻貓。

　　貓跟他的新主人說：「我的好主人，你不用擔心，只要你能給我 1 個袋子和 1 雙靴子，方便我在樹林中走動，到時你就會發現，分到我其實是你的福氣！」然後貓便裝死將獵物騙進袋子裡，獻給國王，持續 2、3 個月並說明這都是牠的主人，卡拉巴侯爵(貓取的)的心意。而到了一次國王帶著公主出巡時，貓叫牠的新主人進河裡洗澡。卻跑到國王的馬車前，大喊：「捉賊！有人偷了卡拉巴侯爵的衣服！」

　　國王對此信以為真，便將窮小子拉了上來，並給他最好的衣服穿，並與國王一同出巡王國。而貓故做興致高昂的走在隊伍前頭，卻在隊伍到達之前威脅農夫們說：「這是卡拉巴

侯爵的土地！」而不知情的國王卻對這些歷年來收穫都不錯的廣大土地讚嘆不已。

　　最後貓來到了那些土地真正主人的城堡裡，而這座城堡的主人正是個妖怪，貓對他恭敬的說：「聽說你能變成巨大的動物，例如說獅子。」妖怪馬上變成了一隻獅子給貓瞧瞧，這可將貓嚇得跳到屋簷上，貓又說了：「但有個更難的你可能辦不到，變成小型的動物，例如說老鼠。」妖怪聽了馬上就變，隨即貓也跳下屋簷，將妖怪變的老鼠一口吃進肚。

　　而當國王的出巡馬車到來，看到美麗的城堡與豐盛的餐點，更是對卡拉巴侯爵讚嘆不已，在餐會中，國王對卡拉巴侯爵說：「卡拉巴侯爵，如果你不反對，願意當我的女婿嗎？」就這樣，窮小子一也之間成了貴族，並娶了為美麗的公主。而貓呢？牠也搖身一變成了貴族，除非無聊，牠才會伸出爪子逗逗那些可憐的老鼠。

附錄二　繪本閱讀創造思考
教學活動與省思

繪本名稱：讓路給小鴨子（活動設計教案 1）

活動前省思：語文是溝通與學習的工具，因此藉由繪本閱讀
　　　　　　創造思考教學以培養兒童語文知識與技能，因
　　　　　　低年級學童的語文發展及識字能力及書寫能
　　　　　　力均有待考驗，因此以引發兒童對繪本的喜愛
　　　　　　及閱讀的樂趣為主軸，來進行第一次活動。

活動目標：認知：認識繪本的外表及內容部分。
　　　　　情意：培養孩子閱讀的樂趣，豐富其文學經驗
　　　　　技能：學習閱讀的技巧及書籍的認識。

活動內容：1.引起動機：老師先與學生們分享逛街購物的經
　　　　　　　　　　　驗，以刺激學生們踴躍發言。再引導至發表購
　　　　　　　　　　　書的經驗。
　　　　　　2.活動一：老師以人需要穿衣服為前提，來引導
　　　　　　　　　　　孩子注意通常一　本書有哪些部
　　　　　　　　　　　分，與學生一起剖析。

3.活動二：當書名、作者（翻譯者）、插圖、出版
　　　　　　社及內容……等部份引導學生注意並
　　　　　　說出來之後，再帶領學生們一一的介
　　　　　　紹相關的書本概念。

4.活動三：先要求學生獨自閱讀以驗證老師講述
　　　　　　的部分。

活動後的省思：書本概念的介紹及閱讀的技巧，仍有部分的
　　　　　　　　孩子需要輔導，尤其是一年級的學生。而二
　　　　　　　　年級的同學也有少數幾位，閱讀的專注力及
　　　　　　　　耐性不夠，約 15 分鐘之後便有少數學生浮
　　　　　　　　動不安，而且未看完一本書。

繪本名稱：讓路給小鴨子（活動設計教案2）

活動前省思：閱讀習慣的養成及技巧的學習有待漸進式的建立。因此試著再請學生閱讀"讓路給小鴨子"一次，希望第二次的閱讀能建立學生們的閱讀的知覺與興趣。

活動目標：認知：學習閱讀的技巧文字的知覺。

　　　　　情意：培養學生閱讀的樂趣。

　　　　　技能：加強閱讀的興趣及繪本的概念。

活動內容：1.引起動機：以口語的方式提問內容並與孩子們一起再看一次繪本。

　　　　　2.活動一：以、假、列、比、替、除、可、想、一、類的方式，並以繪本的內容提問十題。再請學生練習寫一份學習單。

活動後的省思：由於第二次再看這本繪本，大部分的孩子已較能掌握其相關的概念。但發現 S 閎及 S 婷無法自己閱讀，且全部的孩子對學習單問題的題意及文字認知均不太懂，一直問老師問題，因此用了相當多的時間，使學生及老師均有很大的挫折感。

繪本名稱：讓路給小鴨子（活動設計教案 3）

活動前省思：任何事物的產生，均有其醞釀期，尤其是媽媽
　　　　　　培育一個生命的過程，更是辛苦，因此透過遊
　　　　　　戲的方式，讓孩子角色扮演，除享受樂趣外，
　　　　　　也希望體驗其角色的相關責任

活動目標：認知：學習角色的個性，從中體會其責任與義務。
　　　　　　情意：享受角色扮演及遊戲的樂趣。
　　　　　　技能：培養孩子角色扮演及團體遊戲的能力。

活動內容：1.引起動機：引導孩子說出"讓路給小鴨子"的故
　　　　　　　　事情節以利孩子回顧一次各角色的活動內容。
　　　　　　2.活動一：請孩子排隊與孩子一起玩"火車快
　　　　　　　　飛"的遊戲。
　　　　　　3.活動二：讓孩子自選一個同伴當鴨媽媽，孩子也
　　　　　　　　推選一人當米其爾，其他孩子當小鴨。
　　　　　　4.活動三：讓全部的小孩以玩火車快飛的方式，
　　　　　　　　依據各角色先玩一次，再要求孩子依
　　　　　　　　據各角色的功能表演出故事情節。

活動後的省思：藉由遊戲的方式，果然引起孩子們很大的興
　　　　　　　趣，同時也讓孩子們學習及體會各角色的情
　　　　　　　境，經各角色輪流演下來，演鴨媽媽的孩子
　　　　　　　直說：「好辛苦，好累哦！」，演小鴨的孩子
　　　　　　　直喊：「好慢哦！」，只有演米其爾的人說：
　　　　　　　「我們最厲害，可是你們要守秩序，一個一
　　　　　　　個來啊！」

繪本名稱：讓路給小鴨子（活動設計教案 4）

活動前省思：為有多元形式呈現活動，以引發孩子不同種類
　　　　　　的反應，同時對文本與圖像閱讀兼顧，因此以
　　　　　　小領袖的遊戲方式請孩子共同完成一份印象
　　　　　　最深刻的畫作並說明其內容。

活動目標：認知：增進閱讀及繪畫表達的能力。

　　　　　情意：培養互助合作及尊重別人的樂趣。

　　　　　技能：學習將閱讀內容繪製成圖並簡要說明其內
　　　　　　　　容。

活動內容：1.引起動機：將讓路給小鴨子的書再次呈現在孩
　　　　　　子們面前，提問孩子們印象最深刻的插圖是什
　　　　　　麼，請孩子踴躍表達，並給予鼓勵。

　　　　　2.活動一：（1）為讓孩子的表達留有紀錄下來。
　　　　　　　　　　　　　鼓勵孩子們自行將它以繪畫的方式紀
　　　　　　　　　　　　　錄下來。於是請孩子們先自尋組員分
　　　　　　　　　　　　　成 2 組並推舉一位較有能力同伴為組
　　　　　　　　　　　　　長。同籌小組的分配，團討及協調事
　　　　　　　　　　　　　宜。

　　　　　　　　　　　（2）請每一小組拿一張圖畫紙，共同
　　　　　　　　　　　　　畫一份印象最深刻的畫作，並簡
　　　　　　　　　　　　　要說明其內容。

　　　　　　　　　　　（3）每小組再腦力激盪，討論出三個
　　　　　　　　　　　　　問題來問老師。

活動後的省思：藉由分組及小領袖的方式讓孩子自己領導孩子，一方面有表達、溝通、協調的練習，一方面同儕間也能自我要求與模仿。

繪本名稱：讓路給小鴨子（活動設計教案 5）

活動前省思：為消除孩子們的挫折感，並提昇孩子的語文能力，以導讀及輔導的方式介入，希望透過老師的講述可以增進孩子們的能力，並以維高斯基的鷹架理論為基礎，循序漸進的引導孩子獨立閱讀，激發其語文創造力。

活動目標：認知：學習對故事內容的理解力並能結合於生活中。

　　　　　情意：培養團隊精神及閱讀的樂趣。

　　　　　技能：學習語文表達、討論及文字書寫的力。

活動內容：1.引起動機：老師以學習單上的題目為依據做引導，請孩子發表看"讓路給小鴨子"時的想法，並將學習單給孩子請孩子們先自己作答。

　　　　　2.活動一：透過孩子的發表，實際上孩子們已將學習單上的題目作答完成。

　　　　　3.活動二：與孩子一題一題的討論題意，並將自己想法寫下來。

　　　　　4.活動三：請孩子們省思在這個單元中，參與活動的情形與態度，並將自己的想法表達出來。

活動後的省思：孩子在玩樂中學習的成效及能力的培育最佳，在角色扮演及玩遊戲中得到印証，而由老師提問引導，孩子們自主的回答，也很受喜愛。

繪本名稱：毛頭小鷹（活動設計教案 1）

活動前省思：為建立孩子自我肯定的品德規範，在擁有聰明
　　　　　　及智慧中，不失創造力與信心，同時也希望這
　　　　　　本字數較少的繪本，能建立孩子們獨立閱讀的
　　　　　　能力。

活動目標：認知：學習創造力與建立信心。

　　　　　情意：培養孩子創造力及自我肯定的品德。

　　　　　技能：建立獨立閱讀的能力。

活動內容：1.引起動機：老師先秀一段簡易的模仿秀，請孩
　　　　　　　子們猜、再邀請有興趣模仿的孩子上台秀給大
　　　　　　　家猜。

　　　　　2.活動一：老師以提示的方式引導孩子介紹"毛
　　　　　　　頭小鷹"這本繪本的外表及介紹故事
　　　　　　　的架構。

　　　　　3.活動二：請孩子獨立閱讀。

　　　　　4.活動三：完成一份簡單的學習單。

活動後的省思：孩子的學習，大都來自模仿、認同，透過這
　　　　　　　個主題，大部份的孩子，可以一邊閱讀一邊
　　　　　　　分享自己的經驗，同時因字數比前一本少多
　　　　　　　了，所以約 30 分鐘，全部的孩子便閱讀完
　　　　　　　成。

繪本名稱：毛頭小鷹（活動設計教案 2）

活動前省思：為與故事相連結的，讓孩子對文字的認知及了
　　　　　　解，有更進一步的此活動，希望孩子們從故事
　　　　　　內容中找字來當題目，練習造詞、甚至造句。

活動目標：認知：學習造詞、造句、以強化句型的用法。

　　　　　情意：培養語文能力。

　　　　　技能：運用思考的方式、刺激學生造詞、造句的
　　　　　　　　能力。

活動內容：1.引起動機

　　　　　2.活動一：請孩子們自選題目來做造詞練習，經過
　　　　　　　　　　　表決，以"毛"及"小"為題目並限時 5 分
　　　　　　　　　　　鐘內將所有的想得到的語詞寫下來。

　　　　　3.活動二：我的志願發表，孩子們的答案有的是
　　　　　　　　　　　以爸爸、有的是以家人的職業，經過
　　　　　　　　　　　孩子說明該職業的性質之後，再請全
　　　　　　　　　　　部孩子選擇，並說明原因及應具備的
　　　　　　　　　　　才能，再紀錄下來寫在學習單上。

活動後的省思：造詞、造句經老師示範後，孩子們均可自我
　　　　　　　完成，尤其在有時限的競爭下，更能激盪出
　　　　　　　孩子們的創造力，在職業的選擇，大部份的
　　　　　　　孩子均以父母的職業或表達出父母期待的
　　　　　　　職業，例如 S 婷說：「媽媽喜歡我當鋼琴表
　　　　　　　演的音樂家，所以我現在要用心練鋼琴。」

繪本名稱：毛頭小鷹（活動設計教案 3）

活動前省思：當老師題問題時，老是那些孩子在回答，其他
　　　　　　孩子則仍需鼓勵甚至要求他，為改善此現象，
　　　　　　將再導讀一次並延伸出下列活動，以提高閱讀
　　　　　　的喜悅及語文能力。

活動目標：認知：學習思考、創作及語文能力。

　　　　　情意：培養孩子的語文創造力。

　　技能：增進閱讀的，樂趣及上臺以比的方式將語

活動內容：1.引起動機：（1）可適度導讀、孩子再看一次，
　　　　　　　　　　　　　以提升孩子對書的相關訊息。

　　　　　　　　　　（2）老師先選擇一個語詞解釋給孩
　　　　　　　　　　　　子聽，並以肢體表演的方式，
　　　　　　　　　　　　表演出來例如：「猴子」，由於
　　　　　　　　　　　　滑稽的動作，引起孩子們哄堂
　　　　　　　　　　　　大笑，同時也引發他們的興趣。

　　　　　2.活動一：（1）以讀本內容為主，全部孩子一起出題，
　　　　　　　　　　　　再一起製成題目卡。

　　　　　　　　　　（2）老師先說明遊戲規則，全部孩子分為兩
　　　　　　　　　　　　組，每組派 1-2 人進行超級說一說，先
　　　　　　　　　　　　抽 3-5 張題目卡後，利用語文表達或肢
　　　　　　　　　　　　體表演的方式來表達語詞的意義，但不
　　　　　　　　　　　　可說出語詞的生字來（如犯規則須重抽
　　　　　　　　　　　　題）。

（3）同組人員在臺下進行猜題。

（4）在時間內猜出最多者的一組獲勝。

（5）最後老師順勢將語詞再做一次複習，並請孩子練習一份學習單。

活動後的省思：希望孩子比較由教師導讀與獨立閱讀之別，以提升孩子們自主閱讀的能力，上課的氣氛明顯輕鬆愉快多了，尤其是一年級的孩子們參與度較之前積極許多，也以超級比一比、說一說的遊戲，讓孩子們玩的高興，對語詞的了解也印象深刻，寫起學習單來顯得格外賣力，例如：S 芳寫說「今天的課最好玩了！」。

繪本名稱：毛頭小鷹（活動設計教案 4）

活動前省思：為延續孩子集體合作的樂趣，設計戲劇大車拼，
　　　　　　藉以提高學生的學習興趣及增進表演藝術創作
　　　　　　的才能。

活動目標：認知：學習表達創作的才能。

　　　　　情意：培養學生團隊精神。

　　　　　技能：增進學生表演藝術創作才能。

活動內容：1.引起動機：老師以近期上檔的電視卡通 "皮卡
　　　　　　丘" 的劇情為引導開端，以吸引孩子們加入共
　　　　　　同討論。

　　　　　　2.活動一：老師先說明演戲的人物，表演方式或
　　　　　　　道具等的基本注意條件，再邀請孩子
　　　　　　　們一起，請學生先以原著內容（毛頭
　　　　　　　小鷹）作戲劇表演。

　　　　　　3.活動二：老師先請學生概說故事大意及各項安
　　　　　　　排，再讓學生利用表演方式來呈現故
　　　　　　　事內容。

活動後的省思：只要是動態的活動，似乎較能吸引孩子熱衷
　　　　　　　的參與，但在扮演時，孩子們顯得不夠大
　　　　　　　方，甚至怯場，（訪談時孩子們表示，因怕
　　　　　　　被同伴取笑），但透過這次的活動，老師可
　　　　　　　以了解孩子們，對故事內容是否熟悉的，有
　　　　　　　的孩子還會與自己現實生活相結合，例如：

S潔在扮演時就會說出這樣的對話：「不要一直玩了啦、媽媽說要用功讀書、不然考試會考不好」。據老師了解，S潔因她第一次月考成績不佳，以致被媽媽禁止了許多活動，並一再告誡她、要用功讀書。

繪本名稱：毛頭小鷹（活動設計教案 5）

活動前省思：孩子們的閱讀態度已有進步，希望透過創意思
　　　　　　考提問的技巧"6W"提升孩子的語文、書寫能力。

活動目標：認知：學習語彙的使用以提升語文能力。

　　　　　情意：培養學生創意、思考的習慣。

　　　　　技能：提升結合不同涵意之語詞，編撰成通順的
　　　　　　　　短文。

活動內容：1.引起動機：老師選出 2-3 個簡單有趣的語詞，
　　　　　　請孩子分 2 組以競賽的方式，將這組語詞全部
　　　　　　結合編撰成一篇通順的文章，並請孩子發表完
　　　　　　成的成果與其他孩子們分享。

　　　　　2.活動一：請各組自選 5-6 個語詞，並加入人、
　　　　　　　　　　　事、時、地、物的條件，在十分鐘內
　　　　　　　　　　　討論並寫下討論結果。

　　　　　3.活動二：各組需派一位代表同學上台發表成
　　　　　　　　　　　果，與同學分享。

　　　　　4.活動三：試著自己完成學習單。

活動後的省思：任何的學習均需要視孩子的身心發展而設
　　　　　　　　計，此活動的學習單對孩子們獨自個人完成
　　　　　　　　而言，似乎太難了，尤其是一年級的孩子們
　　　　　　　　大多無法完成，最多只能依題目的條件，寫
　　　　　　　　出十個語詞，但未能完成短文。

繪本名稱：毛頭小鷹（活動設計教案 6）

活動前省思：孩子們對於短文這部份的能力很弱，探究原因不外乎是孩子們，尚未發展組織文句及有條理表達的能力，所以這部份的學習不容忽視，因此在學習自評時，仍提問孩子們故事內容的重點，以提升學生了解故事的內在精神與觀念，進而培養其作文能力。

活動目標：認知：培養對文章的邏輯概念及審美觀。

　　　　　情意：培養學生作文與自評的能力

　　　　　技能：學習組織文句及有條理表達看法的能力。

活動內容：1.引起動機：為讓學生以自己的角度為出發點來提出問題，以增添學生信心，因此讓學生自主選出一位能力較優的孩子當『小老師』以這種方式提出問題，以帶動討論氣氛及增進孩子回答的機率。

　　　　　2.活動一：將孩子分組以提高進行活動的參與性，再由各組選出組長，為該組的『小老師』，一起針對故事內容腦力激盪，嘗試自己出題提問組員來帶動全組參與和討論。

　　　　　3.活動二：以每位組員均有提問及回答為獲勝，以帶動不喜歡發言的孩子。

　　　　　4.活動三：老師需配合學生的問題及答案，適時

　　　　　　　　　　　　的加以說明或補充，以增進學生識文

　　　　　　　　　　　　句及有條理表達的能力。

活動後的省思：課程進行中不斷的受到考驗，以『小老師』

　　　　　　　　的方式，來提高學生討論的氣氛，確實增加

　　　　　　　　學生對討論產生趣味性、參與性，但是由於

　　　　　　　　學生們的語文表達能力尚不足，所提出的問

　　　　　　　　題，都是些簡單且較表面化的題目，因此老

　　　　　　　　師常需補充提出些問題或對問題答案加以

　　　　　　　　說明，因此時間需要更久，以致受到很大的

　　　　　　　　挑戰。

繪本名稱：小紅帽（活動設計教案 1）

活動前省思：透過活動及學習單，可以了解孩子們口語發表及文字書寫能力的流暢性，但對於閱讀態度及寫作表現的意願，則有賴提升孩子們興趣，因此以孩子們熟悉的故事 "小紅帽" 為這次的主題，一方面希望將現實生活與繪本閱讀創造思考教學作緊密的結合，一方面培養和諧的三代情。

活動目標：認知：增加學生的生活經驗與擴展知識範圍。

情意：激發學生多方面，多角度的思維。

技能：學習理解故事內容及把握故事重點的思考能力。

活動內容：1.引起動機：將送孩子 "小紅帽" 繪本做引導，鼓勵孩子發表看過或聽過這個故事的孩子踴躍發表其內容。

2.活動一：發給每位孩子每人一本"小紅帽"的繪本。

3.活動二：提問孩子書名、作者等，以提醒孩子注意書的外表之後，請孩子們獨立閱讀。

4.活動三：完成學習單一份。

活動後的省思：孩子們幾乎都聽過此故事，所以這次孩子們在閱讀時，更顯得樂在其中，寫學習單也格

外的順利，節省了許多時間，只是孩子學習單答案都以「是」、「不是」的簡答方式或不完整句子來回答，有些內容甚至抓不住問題的重點。

繪本名稱：小紅帽（活動設計教案 2）

活動前省思：為提高學生學習興趣，藉由此扮演活動，培養
學生們的表演藝術，同時建立孩子們的團隊合
作精神。

活動目標：認知：透過合作扮演及同儕的帶動，提升語文及
加深閱讀的能力。

情意：培養其創造、探索的精神，供學生樂於參
與，進而喜歡學習。

技能：經由具體的動作表達，培養戲劇表達的能
力。

活動內容：1.引起動機：老師先以 2-3 分鐘的故事表演給學
生們欣賞，再進行活動講解。

2.活動一：老師以問答方式再詢問孩子"小紅帽"
故事的角色重點……劇情等來點出主
題。

3.活動二：依故事內容請孩子們自選角色，若有
角色重疊者，以協調方式補強。

4.活動三：請孩子們依各自角色的台詞練習一次。

5.活動四：依劇情排演一次，老師再將它錄影起
來。

活動後的省思：老師的表演可能因滑稽，引起孩子們哄堂大
笑，同時也激勵平時不敢上台及發表不踴躍
的學生，因此每位孩子均熱衷的參與，且在

角色選擇時，因人數較多，孩子們在協調同時，自動修改劇情增加獵人及大野狼的人數，同時也以擬人法的方法，加派 S 嬪為路邊的小花，S 閎為石頭，S 婷為小紅帽身旁的小寵物"小花貓"。但要串聯通順及孩子的走位得當，均需協調溝通，所以在此活動的前置工作，花費相當多的時間。

繪本名稱：小紅帽（活動設計教案 3）

活動前省思：透過戲劇表演提高孩子的藝術創作，因此延續
上一個單元活動『演技大車拼』。

活動目標：認知：拓展語文及藝術創作的能力。

情意：培養團隊合作精神。

技能：增進戲劇創作的技能。

活動內容：1.引起動機：請孩子將自己扮演角色的台詞及情
境描述出來。

2.活動一：請孩子們依劇情排演一次。

3.活動二：為配合故事情境，將場地移至花園，
為融入情境，請孩子們再依角色走位
一次。

4.活動三：正式上演，老師同時錄影。

5.活動四：分享並做檢討。

活動後的省思：因已有前置作業，故這次進行的較順利，但
因為老師是第一次錄影，操作較不熟練，所
以在分享時卻無法給孩子看錄影成果。

繪本名稱：小紅帽（活動設計教案 4）

活動前省思：為累積語彙，提升孩子們的語文能力，因此設
　　　　　　計一份作業單供孩子句型練習。

活動目標：認知：激發學生潛能以提升語文能力。

　　　　　情意：增進學生參與及分享成果的喜悅。

　　　　　技能：刺激學生造句能力，強化句型的用法。

活動內容：1.引起動機：在故事中選一語詞做為題目，與孩
　　　　　　　子做句型練習並寫在白板上與孩子們分享，同
　　　　　　　時鼓勵其他學生繼續作答，直到學生熟悉。

　　　　　2.活動一：發創意教學作業單給每位孩子，並與
　　　　　　　孩子討論題意。

　　　　　3.活動二：透過討論相互指導後，再請孩子限時
　　　　　　　10 分鐘完成作業單。

　　　　　4.活動三：邀請孩子分享成果。

活動後的省思：因限時 10 分鐘，所以孩子們均心急的想要寫
　　　　　　　多一些語詞出來，於是一直要求老師讓大家
　　　　　　　看繪本作答，但為觀察孩子們的創造力，所
　　　　　　　以教師婉拒孩子們的要求，以致有些掃興。

繪本名稱：小紅帽（活動設計教案 5）

活動前省思：小紅帽的故事雖是大部分孩子曾看過的，但無論孩子是否看過，對它仍愛不釋手。透過扮演的活動設計希望解除部分孩子上台的恐懼感並建立良性的三代情。

領域：語文　年齡：6-8 歲

活動目標：認知：增進角色扮演的技巧及了解各角色的責任與義務。

情意：培養尊重欣賞及關懷的情操。

技能：學習角色扮演及團體合作的精神。

活動內容：1.引起動機：讓學生表達最喜歡自己奶奶或外婆的原因與同伴分享，同時預告 C 們 T 有帶錄影機要為 C 們拍電影。

2.活動一：教師說：「我們今天要拍電影」，讓小紅帽的故事經由大家的演出，讓每個人都看到。

3.活動二：自選角色，並分配場次，同時練習一次的台詞，並預演一次。

4.活動三：每位孩子均隨時準備出場，上台的孩子將故事情節表演出來外，配合情節需要可自己增減台詞，演完之後分享經驗及欣賞錄好的影片。

活動後的省思：S 綺說：它最喜歡奶奶了，所以她要演外婆，

S 凱很有同學愛的向 S 諭說：「你和我演獵人好了。」於是 S 諭便安心的跟著 S 凱在旁邊練台詞，孩子們均熱衷的參與演出，只是老師因為第一次接觸錄影機器於是一直沒有錄好，反而是孩子安慰老師說：「沒關係，我們再演一次。」

繪本名稱：小紅帽（活動設計教案 6）

活動前省思：透過一系列活動，導入家庭概念結合故事，讓
　　　　　　孩子從分享中探討解決問題的方法，於是藉由
　　　　　　學習評量讓孩子自我省思，與探討參與的情
　　　　　　形。

活動目標：認知：增進學生解決問題的能力。

　　　　　情意：培養學生學習興趣。

　　　　　技能：學習自我省思與解決問題的方法。

活動內容：1.引起動機：將學生分成兩組以提高競爭性，利
　　　　　　　用故事連結大對抗的方式，以激勵孩子熱衷參
　　　　　　　與。

　　　　　2.活動一：請兩組成員分站兩邊，再由老師說出
　　　　　　　小紅帽故事的開端。

　　　　　3.活動二：接著每次一組派出一位學生依序接說
　　　　　　　故事內容，直到講完故事為止，以說
　　　　　　　出故事人數較多者為獲勝隊伍。

　　　　　4.活動三：老師發下自評單請學生完成。

活動後的省思：藉由小紅帽故事的扮演，看到孩子從爭執到
　　　　　　　協調，甚至想辦法解決問題，再到自我省
　　　　　　　思，其學習的主導權，完全由孩子自己決
　　　　　　　定，這歷程不僅看到他們語文發展的進步，
　　　　　　　更是孩子們創造力的泉源。

繪本名稱：長靴貓（活動設計教案 1）

活動前省思：為提升孩子在聽、說、讀、寫的語文表達中，寫的能力提升，這個單元結合『長靴貓』的故事，培養孩子的聰明機智，配合學習單，讓孩子對故事重點有更精闢的認識。

活動目標：認知：學習各種語言表達方式。

　　　　　情意：培養學習動機、發展語文能力。

　　　　　技能：增進學生創新與閱讀技巧。

活動內容：1.引起動機：喵、喵、小花貓，先帶領孩子唱這首兒歌，再請孩子發表對貓的印象。

　　　　　2.活動一：老師先唸說出"長靴貓"的一小段故事內容,再與孩子邊做腦力激盪來一起說出故事內容。

　　　　　3.活動二：同時也透過老師的提問，讓孩子學會付出關懷及解決問題的能力。

　　　　　4.活動三：完成創意閱讀學習單。

活動後的省思：對低年級的學生而言，兒歌仍具有相當大的吸引力，發表也特別踴躍，包含 S 閔能把教他唱的人、時間、地點，如數家珍的說出來與同伴分享，但在學習單的完成方面，仍有孩子無法做到，也有少數孩子草草作答了事。

繪本名稱：長靴貓（活動設計教案 2）

活動前省思：利用創造思考的發問技巧，希望孩子們腦力激盪，以拓展學習的廣度，同時也讓老師的教學"活潑化"而不是一再的講述，因此透過學習單，展開這個活動。

活動目標：認知：學習創造思考的能力。

情意：培養學生創作的態度。

技能：增進學生組織、整理的邏輯概念。

活動內容：1.引起動機：每個人皆有夢想，要如何實現便要有計畫去執行，於是老師以卡通「大雄與多拉A夢」實現環遊世界的計畫為例，以引導孩子做進一步的創作。

2.活動一："長靴貓"的故事裡，長靴貓以他的聰明才智，幫助主人從貧窮的農民晉身為貴族，請學生找出長靴貓運用了哪些方法。

3.活動二：聰明的你，如果你是長靴貓，你的發財計畫是什麼？請孩子以文字敘述及作畫的方式加以說明，完成學習單。

活動後的省思：這個活動中，有的學生會說：他只會寫不會畫，也有的學生說：他不會寫，但是經過老師與同學的鼓勵，都有不錯的創新作品。

繪本名稱：長靴貓（活動設計教案 3）

活動前省思：“畫中有話”的設計，希望延續孩子喜歡繪畫
　　　　　　的興致繼續創作，藉以提升孩子的語文能力。

活動目標：認知：增進學生利用圖畫表達及創作能力。

　　　　　情意：培養語文創作的興趣。

　　　　　技能：學習自製小書的技巧。

活動內容：1.引起動機：老師以白板當畫紙，以連環的方式
　　　　　　　　分別在四個方格中作畫，並以文字說明其內
　　　　　　　　容，示範給孩子看，並說明製成小書的優點（攜
　　　　　　　　帶方便）與技巧。

　　　　　2.活動一：將已裁剪成長條狀的書面紙，發給孩
　　　　　　　　子每人一張，並指導孩子自製小書（封
　　　　　　　　面、內容、含作畫及文字書寫處及底
　　　　　　　　部等）。

　　　　　3.活動二：提醒孩子有很多時間可以作畫及製作
　　　　　　　　小書，讓孩子 細心完成。

　　　　　4.活動三：成品分享時、請孩子上台介紹自己的
　　　　　　　　作品。

活動後的省思：作品分享時、大部分的孩子皆很有信心的介
　　　　　　　紹自己自製的小書，經老師觀察其原因是作
　　　　　　　品的內容，大部分是孩子的舊經驗或是孩子
　　　　　　　曾看過的故事情節。

繪本名稱：長靴貓（活動設計教案 4）

活動前省思：孩子的學習大都來自模仿，因此透過模擬造句，
　　　　　　希望精進孩子的造句創作能力。

活動目標：認知：增進學生的語文能力。

　　　　　情意：加深學生的閱讀興趣。

　　　　　技能：學習寫作技巧。

活動內容：1.引起動機：以"刻漏字"的方式，將模擬造句的
　　　　　　　　題目寫在白板上，請孩子作答，題目盡量設計
　　　　　　　　簡單，讓孩子們容易作答，以建立孩子信心。

　　　　　2.活動一：老師選定一題目，先引導並與孩子腦
　　　　　　　　　　力激盪，討論出可以轉換的語句，直
　　　　　　　　　　至孩子們均熟悉其題目為止。

　　　　　3.活動二：請孩子依學習單上的照樣造句題目作
　　　　　　　　　　答。

活動後的省思：在這個單元裡，明顯的發現，孩子的語文表
　　　　　　　達能力進步很多，雖然語詞、文字的修飾仍
　　　　　　　不盡優美通順，但已經可以了解孩子想要表
　　　　　　　達的意思。

繪本名稱：長靴貓（活動設計教案 5）

活動前省思：培養孩子們合作思考能力及動態的活動進行，
　　　　　　以吸引孩子們的學習興趣，此單元為 "超級比
　　　　　　一比" 的活動。

活動目標：認知：學習將學過的語詞，以戲劇或肢體動作表
　　　　　　達。

　　　　　情意：培養集體合作思考。

　　　　　技能：強化記憶、提升語文能力。

活動內容：1.引起動機：以一簡單又容易表達的題目，按電
　　　　　　視綜藝節目「超級星期天」的「超級比一比」
　　　　　　的遊戲方式，與孩子們練習玩一次（以利下面
　　　　　　活動進行順利）。

　　　　　2.活動一：老師在 "長靴貓" 故事中，將重點語
　　　　　　詞寫成語詞卡，一一秀出，與孩子一
　　　　　　同解釋意義。

　　　　　3.活動二：將全部孩子分成兩組，進行紅白大對
　　　　　　抗。

　　　　　4.活動三：由第一個孩子抽一張詞語卡為題目，
　　　　　　利用肢體表演其題意給第二個人看，
　　　　　　依此類推，表演到最後一位孩子時，
　　　　　　那位孩子必須將語詞寫在學習單上，
　　　　　　最後以答出正確語詞最多者為獲勝隊
　　　　　　伍。

活動後的省思：在整個活動的進行中，若該組有較文靜或許
　　　　　　　　久均無法表達出來的孩子，常會被同隊組員
　　　　　　　　責罵，因此造成活動無法繼續進行，甚至中
　　　　　　　　斷時間拖延太久，使得學生們失去耐性。

繪本名稱：長靴貓（活動設計教案6）

活動前省思：為與孩子的生活相結合，增進孩子對解決問題
　　　　　　的能力，藉由故事引導出孩子的創造思考力。

活動目標：認知：學習解決問題的能力。

　　　　　情意：培養學生的學習興趣。

　　　　　技能：提高學生的創新能力。

活動內容：1.引起動機：老師以自編的小故事，演一齣「車
　　　　　　　禍劇碼」以點出「交通安全」的重要。

　　　　　2.活動一：由學生自行推選出一位「小老師」，「小
　　　　　　　老師」必須將長靴貓的故事重點，透過問答方
　　　　　　　式來點出學習主題。

　　　　　3.活動二：老師最後再重述一遍故事重點或進行
　　　　　　　補充說明。

　　　　　4.活動三：　請孩子各自完成一份學習單。

活動後的省思：大部份的孩子都已能抓住故事重點，而且由
　　　　　　　「小老師」來提問的方式，使得學生們的參
　　　　　　　與度提高，但小老師所提出的問題層面較為
　　　　　　　表面，有時還需要老師補充說明或加以引導
　　　　　　　提醒。

繪本名稱：長靴貓（活動設計教案 7）

活動前省思：活動的進行，總希望與孩子一起學習、一起成
　　　　　　長，因此不斷的省思與改進是必要的。

活動目標：認知：學習自我省思的能力。

　　　　　情意：培養尊重與合作的精神。

　　　　　技能：提升學習的技巧與興趣。

活動內容：1.引起動機：請孩子回顧前面活動中，印象最深
　　　　　　　刻有趣的是什麼、發表出來包含老師也可參與
　　　　　　　發表。

　　　　　2.活動一：發下學習單，請孩子仔細思考，慢慢
　　　　　　　作答。

　　　　　3.活動二：老師與孩子們一起分享與討論、進而
　　　　　　　對談。

活動後的省思：每次活動的進行，大部分的學生皆能熱衷參
　　　　　　　與，甚至欲罷不能，但也總是有孩子意興闌
　　　　　　　珊，總是需要在老師的帶領之下，才能全程
　　　　　　　參與活動。

繪本名稱：睡不著的小老鼠（活動設計教案 1）

活動前省思：為讓孩子更具文學欣賞及讀寫能力，因此運用
故事元素安排活動，以增進孩子解決問題及創
造思考的能力。

活動目標：認知：學習對故事本文及圖像閱讀兼顧的能力。
情意：培養學生解決問題的能力。
技能：增進學生閱讀及書寫的技巧。

活動內容：1.引起動機：先用 "6W" 與孩子們腦力激盪，之
後老師再與學生們重述一遍並組合成一個故
事。

2.活動一：以 "睡不著的小老鼠" 的故事為主
軸，試著請學生們找出故事中
"6W"，以表達學生們對故事基本概
念的認識，同時豐富學生們的口語能
力。

3.活動二：為加強學生們的讀寫能力，請學生們
完成學習單練習。

活動後的省思：因為同儕間的影響，再次引起學習動機，同
時也讓孩子們熟悉 "6W" 的問答。只是少數
的一年級的學生，仍需老師再解釋一次題
意，他才能完成學習單。

繪本名稱：睡不著的小老鼠（活動設計教案 2）

活動前省思：語詞接龍的難易可依孩子的能力，在規則中加
　　　　　　以變化、調整，因此，不同年齡的孩子一向均
　　　　　　樂於參與的活動，所以希望透過"單字詞聯想"
　　　　　　的活動增進學生們的想像力及創造力。

活動目標：認知：學習語文表達，語彙聯想的能力。

　　　　　情意：培養想像力及創造力。

　　　　　技能：提升學生將內化的語詞表達出來。

活動內容：1.引起動機：老師先選擇一位學生來與老師玩一
　　　　　　　次語詞接龍（例如：小孩->孩子->子孫->孫女
　　　　　　　->女生->……），以做為全班的示範。

　　　　　2.活動一：（1）為提高遊戲性，先將學生分成 2
　　　　　　　　　　　組，接著老師請每一組組員合作各完
　　　　　　　　　　　成一題語詞接龍（限時一分鐘），以接
　　　　　　　　　　　出最多語詞者獲勝。

　　　　　3.活動二：（2）同步驟（1）練習造詞及相反詞……
　　　　　　　　　　　等，至學生們熟悉後再請學生各自完
　　　　　　　　　　　成學習單（建議可運用競賽的方式，
　　　　　　　　　　　鼓勵學生激盪出更多的內容）。

　　　　　　　　　　（3）由學生自主的決定語詞，一方面讓
　　　　　　　　　　　學生自由發揮增進其創造思考力，一
　　　　　　　　　　　方面不必擔心造成學生的壓力。

活動後的省思：藉由學習單，以利教師了解學生們創造思考

力的精進，同時在這個活動中，一、二年級
學生間的差異性並不因年齡之差而有別。

繪本名稱：睡不著的小老鼠（活動設計教案 3）

活動前省思：孩子們對學習單的書寫似乎有厭倦的情形，於是以自由聯想的方式，來激盪孩子的擴散性思考。

活動目標：認知：學習擴散性思考的能力。

　　　　　情意：享受自由聯想的樂趣。

　　　　　技能：增進孩子的聯想力。

活動內容：1.引起動機：將「愛」字寫出來，再提向孩子看到「愛」字時感覺到什麼?以 6W 激發孩子多方面的思考。

　　　　　2.活動一：當孩子以「愛」為例題，激盪出各種想法時，再請孩子自由列出一個大家同意的題目來討論?

　　　　　3.活動二：有的孩子提「玩具」，有的孩子提「媽媽」……最後表決以「水」為多數，所以孩子們便以「水」來做練習，並完成學習單。

活動後的省思：以「愛」做聯想時孩子們踴躍的發表，每個孩子皆有不同的答案，足見孩子們能多方面的考量，在表決題目時，孩子的秩序比以前更好了，並且能少數服從多數，寫學習單時，孩子們因可自由發揮，均可愉悅的完成。

繪本名稱：睡不著的小老鼠（活動設計教案 4）

活動前省思：透過閱讀使孩子的思維更細緻，以學習單的練
　　　　　　習增進孩子的創造力，並擴充孩子的語文能
　　　　　　力。為解決時間不足的問題，這次讓孩子先帶
　　　　　　回家慢慢看，再分享及討論繪本。

活動目標：認知：促進孩子的語文能力。

　　　　　情意：享受閱讀的樂趣。

　　　　　技能：加強孩子的文字表達能力。

活動內容：1.引起動機:每個人均有聽故事的經驗，讓學生自
　　　　　　己說一說聽過什麼故事，再讓孩子發表聽 CD 和
　　　　　　聽人講故事的不同。

　　　　　2.活動一：讓孩子表達故事的內容。

　　　　　3.活動二：為培養孩子的聽力及增進孩子的專注
　　　　　　力，讓孩子再聽一次 CD。

　　　　　4.活動三：寫學習單，並與同伴分享。

活動後的省思：這次將學習單減了 3 題，希望能讓孩子輕鬆
　　　　　　　的發揮。孩子們已較能接受完成學習單上的
　　　　　　　回答。可明確的得知孩子的流暢性及敏銳性
　　　　　　　是肯定的，但變通力及精進力、就有待再觀
　　　　　　　察。

繪本名稱：睡不著的小老鼠（活動設計教案 5）

活動前省思：以創造性發問技巧歸納孩子的創造思考能力，
　　　　　　同時透過學習單，讓孩子了解活動參與的表現
　　　　　　狀況及老師修正下次活動進行的依據。

活動目標：認知：增強閱讀故事後，能回答或提問相關問題。
　　　　　情意：培養自我察覺、容納及尊重別人的概念。
　　　　　技能：促進對文學作品的喜愛。

　　　　　活動內容：1.引起動機：老師概述"睡不著的小老
　　　　　　　　　　　鼠"之故事內容，並一邊說一邊提出
　　　　　　　　　　　問題請孩子回答（一方面引起注意
　　　　　　　　　　　力，一方面以提問引發孩子的思考力）

　　　　　　　　　　2.活動一：與孩子討論曾有過的睡不著
　　　　　　　　　　　　　　　　的經驗？再請孩子互問其過
　　　　　　　　　　　　　　　　程。

　　　　　　　　　　3.活動二：引導孩子以 6W 做為問的技
　　　　　　　　　　　　　　　　巧，同時激發孩子用不同方
　　　　　　　　　　　　　　　　向的思考表達出解決之道。

　　　　　　　　　　4.活動三：將口語內容轉換成文字回
　　　　　　　　　　　　　　　　答，並將這個單元的學習單
　　　　　　　　　　　　　　　　與自評表完成。

活動後的省思：若以口語表達，孩子們均相當踴躍，而且還
　　　　　　　　會欲罷不能的滔滔不絕，但轉換成書寫學習
　　　　　　　　單時，有的學生又開始焦慮了，同時在第 3

題：「小老鼠睡不著和我們睡不著的時候有哪些地方不一樣？」，孩子在回答時似乎誤解了題意。

繪本名稱：莎拉的柳樹（活動設計教案 1）

活動前省思：為讓學生對故事內容及結構，有完整及創思的
　　　　　　了解，透過學習單讓孩子學習閱讀內容的結
　　　　　　構、文字表達的流暢性及敏覺性，進而繪本達
　　　　　　變通性及獨創性。

活動目標：認知：學習閱讀故事，並掌握重點，了解故事結
　　　　　　　　構。

　　　　　情意：培養閱讀的興趣。

　　　　　技能：學習主題架構的了解故事內容並有創造思
　　　　　　　　考的能力。

活動內容：1.引起動機：以主題的方式，讓孩子對故事的開
　　　　　　　頭、經過、結尾，能統整性的掌握重點，因此
　　　　　　　孩子們可再看一次繪本，以利增加信心。

　　　　　2.活動一：請孩子表達故事內容，並以 6W 提問
　　　　　　　孩子問題。

　　　　　3.活動二：請孩子練習完成以主題設計方式的學
　　　　　　　習單並允許孩子從繪本中找答案。

　　　　　4.活動三：允許少數孩子將未完成的學習單帶回
　　　　　　　家，隔日再交，以利孩子在沒有時間
　　　　　　　壓力下順利完成。

活動後的省思：時間是一大挑戰，有些孩子常因外務太多（補
　　　　　　習或才藝）而需中斷，有些學生則因書寫能
　　　　　　力不佳而無法及時完成，為減輕學生學習壓

力與挫折，允許未完成的學生將學習單帶回家繼續完成。

繪本名稱：莎拉的柳樹（活動設計教案2）

活動前省思：為更具體的測量孩子的創造思考能力。

活動目標：認知：認識各種解決問題的方法及可行性。

　　　　　情意：培養應變的能力。

　　　　　技能：學習動腦創造思考的能力。

活動內容：1.引起動機：老師假想一個情境，例如：今天上
　　　　　　　班時，因等了很久都等不到公車，正在想辦法
　　　　　　　時，剛好有一輛計程車來，所以就坐上去。

　　　　　2.活動一：請孩子踴躍發表還有沒有什麼方法，
　　　　　　　　　也鼓勵每人表達不同方法，大家一起
　　　　　　　　　腦力激盪後，老師再統整出每個人的
　　　　　　　　　方法相互分享。

　　　　　3.活動二：請孩子用自己想得到的方法，完成學
　　　　　　　　　習單。

　　　　　4.活動三：將孩子想出來的方法與同伴分享。

活動後的省思：孩子的創造思考能力，可以看到成長進步了
　　　　　　　不少。

繪本名稱：莎拉的柳樹（活動設計教案3）

活動前省思：除從學生作品、學習單及老師的觀察外，也希望透過孩子的自評及互評，達到更客觀的學習評量，同時也讓孩子省思以達見賢思齊。

活動目標：認知：認識自我及學習觀察別人。

　　　　　情意：培養見賢思齊的情操。

　　　　　技能：學習孩子自我評估討論同伴。

活動內容：1.引起動機：老師先說一說自己的優點、缺點，再讓孩子說一說喜歡老師的地方是什麼？接著在看看自己。

　　　　　2.活動一：一年級的孩子對評量單的詞句，不是很了解，所以老師將選項的內容一一解釋，再請孩子自評。

　　　　　3.活動二：評評自己，也看看別人，透過老師的解釋，孩子更易了解問題的意義，並寫出同伴的名字，在適當選項中。

活動後的省思：孩子是最純真、誠實的，透過評量單，可看出孩子的自我評估及觀察同伴的情形，雖然與老師的觀察有出入但差異不大。

繪本名稱：莎拉的柳樹（活動設計教案4）

活動前省思：為給孩子回顧繪本閱讀創造思考教學活動中，
　　　　　　讀了哪些繪本？同時也請孩子們省思活動進
　　　　　　行以來，值得檢討改進及鼓勵的行為有哪些？

活動目標：認知：學習自我省思。

　　　　　情意：培養自我省思的能力。

　　　　　技能：學習將想法轉換成文字表達出來。

活動內容：1.引起動機：老師先回顧看過的繪本，再請孩子
　　　　　　表達出故事大意。

　　　　　2.活動一：老師說出故事名，請孩子表達故事意
　　　　　　義。

　　　　　3.活動二：擇一孩子說出一本書名，請其他孩子
　　　　　　說故事內容。

　　　　　4.活動三：請孩子將其想法與感受，透過文字寫
　　　　　　在學習單上。

活動後的省思：大部分的孩子都能流暢地表達現階段的概況。

附錄三　閱讀學習單

繪本名稱：讓路給小鴨子
閱讀學習單

學生：　　　　　　日期：

1.假如鴨媽媽沒有米其爾（警察）為牠們指揮交通，鴨媽媽可能會遇到什麼事？

_____

_____

2.馬路如虎口，請列舉過馬路應注意事項

_____

_____

3.鴨媽媽和自己的媽媽有什麼不同

_____

_____

4.假如鴨媽媽沒有米其爾為牠們指揮交通，有誰可以替代？

_____

_____

5.鴨媽媽除了走公路去找鴨爸爸（馬拉先生）外，還有那些方法？

_____

_____

6.當鴨子要過馬路時為什麼所有的車都停下來，可能的原因有那些？

_____

_____

_____

7.想一想看以後的大台北地區交通會是怎麼樣的狀況？

_____

_____

_____

8.請用（鴨子、走路、游泳）三個詞組合成各種不同的句子。

_____

_____

_____

9.誰讓路給小鴨子？為什麼讓路給小鴨？甚麼時候讓路給小鴨子？讓甚麼路給鴨子？怎麼讓路給小鴨子？

_____

_____

_____

10.媽媽和工人有甚麼地方一樣？

_____

_____

_____

繪本名稱：毛頭小鷹

閱讀學習單 1

學生：　　　　　日期：

毛的造詞：

_____

_____

_____

_____

小的造詞：

_____

_____

_____

_____

我以後想當

_____

_____

_____

_____

繪本名稱：毛頭小鷹

閱讀學習單 2

學生：　　　　　　　日期：

1.有哪些事是你喜歡做的？

_____

_____

_____

2.你現在的工作是甚麼？你喜歡現在的工作嗎？為什麼？

_____

_____

_____

3.毛頭小鷹模仿了誰？

_____

_____

_____

4.現在你是小老師，請模仿一個角色讓你的組員猜,猜對的個人加分全組也加一分：

_____

_____

_____

繪本名稱：毛頭小鷹

閱 讀 學 習 單 3

學生：　　　　　　　　日期：

主題名稱：擴散思考訓練

　　在閱讀毛頭小鷹之後，請你寫出十個語詞（不能重覆），將這些語詞加入人、事、時、地、物，完成一篇短文。

1.	2.	3.
4.	5.	6.
7.	8.	9.

10. _____

_____

_____

_____

_____

_____

_____

_____

_____

_____

_____

_____

繪本名稱：小紅帽

閱讀學習單 1

學生：　　　　　　　　日期：

一、關於小紅帽這個故事，全部大概意思:

_____

_____

_____

二、小紅帽她的名字叫什麼？為什麼她叫小紅帽？

_____

_____

_____

三、從哪句話可以看出樵夫的好心？

_____

_____

_____

四、大野狼為什麼知道小紅帽的名字？

_____

_____

_____

五、大野狼為什麼可以吃掉外婆？為什麼可以吃掉小紅帽？

_____

_____

六、是誰救了小紅帽和外婆？他怎麼救她們的？

_____

_____

_____

七、小紅帽這個故事裡，小紅帽做了什麼事？

_____

_____

_____

繪本名稱：小紅帽

閱讀學習單 2

學生：　　　　　　日期：

一、小紅帽這個故事中，你們想到的語詞有哪些？

_____

_____

_____

二、句型練習：

【……所以……】

_____

_____

_____

【……可是……】

_____

_____

_____

【當……時，卻……】

_____

_____

_____

繪本名稱：長靴貓

閱讀學習單 1

學生：　　　　　　　日期：

1.長靴貓這個故事內容大意：

_____

_____

2.磨坊主人的三個兒子的名字是甚麼？他們分別得到甚麼？

_____

_____

3.貓向主人要求甚麼東西？貓在哪裡捉鮮美的魚？貓把魚拿
　來做甚麼？

_____

_____

_____

4.貓做了哪些事？牠幫助了誰？

_____

_____

5.貓的主人有甚麼財產？他為甚麼掉到水裡呢？

_____

6.故事的結局是甚麼？

7.貓的行為有甚麼值得我們學習的？貓的行為有甚麼地方要
　改進的？

8.這個故事最精彩的地方是甚麼？你最喜歡誰？為什麼？

繪本名稱：長靴貓

閱讀學習單 2

學生：　　　　　　日期：

聰明的你，如果是長靴貓，你的發財計畫是什麼：

_____

_____

_____

_____

_____

_____

_____

_____

_____

_____

_____

_____

_____

_____

_____

_____

_____

_____

繪本名稱：長靴貓

閱讀學習單 3

學生：　　　　　　　　日期：

主題名稱：模擬造句

1.從前有一個磨坊主人，他有三個兒子。當他死後，將所有東西都留給他們。

從前有一個＿＿＿＿＿＿＿＿＿，他有＿＿＿＿＿＿＿＿＿。當他＿＿＿＿＿＿＿＿＿，將＿＿＿＿＿＿＿＿給他們。

2.老大賽門得到麵粉場，老二伯特得到驢子，而老么尼德卻只得到一隻貓。

＿＿＿＿＿＿＿得到＿＿＿＿＿＿＿，＿＿＿＿＿＿＿＿得＿＿＿＿＿＿，而＿＿＿＿＿＿＿＿卻只得到＿＿＿＿＿＿＿。

3.尼德這時也開始傷腦筋，該怎麼養活自己呢？

＿＿＿＿＿＿＿這時也開始＿＿＿＿＿＿＿，該怎麼＿＿＿＿＿＿＿呢？

4.我有一個讓我們兩個都發財的計畫。

＿＿＿＿＿＿有一個讓＿＿＿＿＿＿都＿＿＿＿＿＿的＿＿＿＿＿＿。

5.只要給我一頂好帽子，一雙上等靴子和一個大袋子，其他的事就交給我。

只要給我一＿＿＿＿＿＿＿＿＿，一＿＿＿＿＿＿＿＿＿和一個＿＿＿＿＿＿＿＿，其他的事就交給我。

繪本名稱：長靴貓

閱讀學習單 4

主題名稱:超級比一比

目標：1.學生將語詞透過自我內化後，利用戲劇表演方式表達出來。

2.培養集體合作思考。

內容：1.老師與學生一起選出重要語詞，一同複習並解釋意義。

———————————————　　———————————————

———————————————　　———————————————

———————————————　　———————————————

———————————————　　———————————————

2.將學生分兩組，進行紅白大對抗：（老師說明遊戲規則之後，學生利用肢體表演方式將語詞表現出來，依序給第二人,...表演到最後一個學生時，學生必須猜出語詞並寫在學習單上）。

紅隊　　　　　　　　　　　白隊

———————————————　　———————————————

———————————————　　———————————————

———————————————　　———————————————

———————————————　　———————————————

繪本名稱：長靴貓
閱讀學習單 5

學生：　　　　　　　　日期：

1.你喜歡這個故事嗎？為什麼？說說你的理由？

_____

_____

_____

_____

_____

_____

2.你認為作者想藉著這個故事，告訴我們讀者什麼呢？

_____

_____

_____

_____

_____

3.在現實生活中，你會希望扮演哪個角色呢？為什麼？

_____

_____

_____

_____

_____

繪本名稱：睡不著的小老鼠
閱讀學習單 1

學生：　　　　　　　日期：

1.你曾經睡不著嗎?在什麼時候?什麼時間?什麼地方?因為什麼事?

_____

_____

_____

2.閱讀睡不著的小老鼠這本書,在故事裡有哪些角色?作者安排的這些角色,你最喜歡誰?為什麼?

_____

_____

_____

3.你喜歡這個故事嗎?為什麼?說說你的理由?

_____

_____

_____

4.請在背面畫下這本繪本讓你印象最深刻的插圖。

繪本名稱：睡不著的小老鼠
閱讀學習單 2

學生：　　　　　　　日期：

主題名稱::單字詞聯想

1.單字連鎖聯想訓練（語詞接龍）：例如：上下 —— 下課 ——
　課本

_____

_____

_____

_____

_____

2.單字分歧聯想訓練（造詞練習）：例如：上 —— 上課.上學.
　上車

_____

_____

_____

_____

_____

3.詞連鎖聯想訓練（相反詞):例如:上下 —— 前後

_____

_____

_____

_____

4.詞分歧聯想訓練（聯想相關語詞）：上下 ── 樓梯、前後、
　疲倦

_____

_____

_____

_____

_____

5.字詞的聯想：例如:火 ── 會想到光明、熱情、溫暖

_____

_____

_____

_____

_____

繪本名稱：睡不著的小老鼠

閱讀學習單 3

學生：　　　　　　　　日期：

擴散性思考訓練（聯想）:例如:愛 —— 由.快樂.玩……

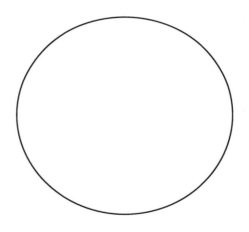

繪本名稱：睡不著的小老鼠
閱讀學習單 4

學生：　　　　　　　日期：

1.在睡不著的小老鼠故事中，哪幾件事讓牠睡不著？

_____

_____

_____

_____

_____

2.你最想做什麼夢？為什麼？

_____

_____

_____

_____

3.看了睡不著的小老鼠之後，你的感想是什麼？

_____

_____

_____

_____

繪本名稱：睡不著的小老鼠
閱讀學習單 5

學生：　　　　　　　日期：

1.假如的問題:對一個假設的情境加以思考。

例：小老鼠沒有爸爸為牠講故事，小老鼠可能會怎麼了？
　　（流暢力）

2.「列舉」的問題：舉出符合某一條件或特性的事物或資料，
　　越多越好。

例：如果睡不著的話，應注意哪些事項（流暢力）

3.「比較」的問題：就兩項或多項資料就其特徵或關係比較
　　異同。

例：小老鼠睡不著和你睡不著有哪些地方不一樣（變通力）

4.「替代」的問題：用其他的字詞、事物，含義或觀念取代
　　原來的資料

例：假如沒有老鼠爸爸為小老鼠說故事，有哪些人可以替代？

　　（變通力）

繪本名稱：莎拉的柳樹

閱讀學習單 1

學生：　　　　　　日期：

這個故事的主角是？
＿＿＿＿＿＿
還有哪些配角？
＿＿＿＿＿＿

在夢中樹精靈告訴莎拉什麼事？
＿＿＿＿＿＿

開始
莎拉心愛的柳樹被鋸倒，夢裡的樹精靈要住哪裡呢？

哪裡是莎拉和她的朋友最喜愛的地方？
＿＿＿＿＿＿

莎拉遇到樹精靈的表情？＿＿＿＿，樹精靈看起來的表情？
＿＿＿＿＿＿

爸爸用什麼方法安慰莎拉？
＿＿＿＿＿＿

樹枝的種植方法是？
＿＿＿＿＿＿

經過
爸爸的主意從柳樹上剪下截柳枝與莎拉把它種在地上細心照顧它

莎拉的爸爸是個怎麼樣的爸爸？
＿＿＿＿＿＿

新種柳枝的照顧方法？
＿＿＿＿＿＿

樹精靈會為他住的地方帶來？
＿＿＿＿＿＿

你曾有過最傷心的事情是？
＿＿＿＿＿＿

結尾
小柳枝長出新樹葉樹精靈又有地方可以住了

為何樹精靈又有地方住了？＿＿＿＿＿為什麼莎拉知道？
＿＿＿＿＿＿

你喜歡這個故事嗎？
＿＿＿＿＿＿
原因是什麼？
＿＿＿＿＿＿

繪本名稱：莎拉的柳樹
閱讀學習單 2

學生：　　　　　　　　日期：

活動一：莎拉到池塘有多少方法？

活動二：想出將紙杯放入垃圾桶內的各種方法。

活動三：你能用紙杯做甚麼？

繪本名稱：莎拉的柳樹
閱讀學習單 3

學生：　　　　　　　　日期：

1.創意閱讀中，我讀了哪些繪本：

_____

_____

_____

_____

2.我最喜歡哪一本書？為什麼？

_____

_____

_____

_____

3.我覺得我要改進的地方：

_____

_____

_____

_____

4.我覺得要繼續保持的項目是：

_____

_____

_____

_____

附錄四　學習自我評量表

繪本名稱：讓路給小鴨子
學習自我評量

學生：　　　　　　　　日期：

一、關於讓路給小鴨子這個故事，你覺得印象最深刻的人是誰？印象最深刻的事？

1.＿＿＿＿＿＿＿＿＿＿＿＿＿＿＿＿＿＿＿＿＿＿＿＿＿

2.＿＿＿＿＿＿＿＿＿＿＿＿＿＿＿＿＿＿＿＿＿＿＿＿＿

二、我覺得自己在參與活動時表現的態度？
　　○非常認真　　○認真　　○普通　　○不太認真　　○很不認真

三、閱讀讓路給小鴨子，我想要表達的想法？

1.＿＿＿＿＿＿＿＿＿＿＿＿＿＿＿＿＿＿＿＿＿＿＿＿＿

2.＿＿＿＿＿＿＿＿＿＿＿＿＿＿＿＿＿＿＿＿＿＿＿＿＿

四、在這次老師帶領創意教學活動中，我最喜歡的活動？（請依序排名）
　　○老師提問題，我自由的回答　　○角色扮演，玩遊戲
　　○寫問卷調查　　○分組討論　　○分組比賽

五、關於這次的活動，我覺得自己參與討論或發表的情形？
　　○非常踴躍　　○很踴躍　　○普通　　○很少發言
　　○都沒有發言

六、我希望下次看什麼故事？或有其他想法嗎？

1.＿＿＿＿＿＿＿＿＿＿＿＿＿＿＿＿＿＿＿＿＿＿＿＿＿

2.＿＿＿＿＿＿＿＿＿＿＿＿＿＿＿＿＿＿＿＿＿＿＿＿＿

繪本名稱：毛頭小鷹

學習自我評量

學生：　　　　　　日期：

一、關於毛頭小鷹這個故事，你覺得印象最深刻的人是誰？印象最深刻的事？

1.

2.

二、我覺得自己在參與活動時表現的態度？

○非常認真　○認真　○普通　○不太認真　○很不認真

三、閱讀毛頭小鷹，我想要表達的想法？

1.

2.

四、在這次老師帶領創意教學活動中，我最喜歡的活動？（請依序排名）

　　○老師提問題，我自由的回答　　○角色扮演，玩遊戲

　　○寫問卷調查　○分組討論　○分組比賽

五、關於這次的活動，我覺得自己參與討論或發表的情形？

○非常踴躍　○很踴躍　○普通　○很少發言　○都沒有發言

六、我希望下次看什麼故事？或有其他想法嗎？

1.

2.

繪本名稱：小紅帽

學習自我評量

學生：　　　　　　日期：

一、關於小紅帽這個故事，你覺得印象最深刻的人是誰？印象最深刻的事？

1. _____

2. _____

二、我覺得自己在參與活動時表現的態度？

　○非常認真　○認真　○普通　○不太認真　○很不認真

三、閱讀小紅帽的故事，我想要表達我的想法是什麼？

1. _____

2. _____

四、在這次老師帶領創意教學活動中，我最喜歡的活動？（請依序排名）

　○老師提問題，我自由的回答　○角色扮演　○玩遊戲

　○寫學習單　○分組討論　○分組比賽

五、關於這次的活動，我覺得自己參與討論或發表的情形？

　○非常踴躍　○很踴躍　○普通　○很少發言

　○都沒有發言

六、我希望下次看什麼故事？或有其他想法嗎？

1. _____

2. _____

繪本名稱：長靴貓
學習自我評量

學生：　　　　　　　日期：

一、關於長靴貓這個故事，你覺得印象最深刻的人是誰？印象最深刻的事？

1.

2.

二、我覺得自己在參與活動時表現的態度？
　　○非常認真　○認真　○普通　○不太認真　○很不認真

三、閱讀長靴貓之後，我想要表達什麼想法？

1.

2.

四、在這次老師帶領創意教學活動中，我最喜歡的活動？（請依序排名）
　　○老師提問題，我自由的回答　○玩遊戲　○寫問卷調查
　　○分組討論　○分組比賽　○學習單創作

五、關於這次的活動，我覺得自己參與討論或發表的情形？
　○非常踴躍　○很踴躍　○普通　○很少發言　○都沒有發言

1.

2.

六、我希望下次看什麼故事？或有其他想法嗎？

1.

2.

繪本名稱：睡不著的小老鼠

學 習 自 我 評 量

學生：　　　　　　　　日期：

一、我覺得自己在參與活動時表現的態度？

　○非常認真　　○認真　　○普通　　○不太認真　　○很不認真

二、在這次老師帶領創意教學活動中，我最喜歡的活動？（請依序排名）

　○老師提問題，我自由的回答　　○角色扮演　○玩遊戲

　○寫學習單○分組討論　　○分組比賽

三、關於這次的活動，我覺得自己參與討論或發表的情形？

　○非常踴躍　○很踴躍　○普通　○很少發言　○都沒有發言

四、我希望下次看什麼故事？或有其他想法或意見？

繪本名稱：莎拉的柳樹
學習自我評量

學生：　　　　　　　　日期：

一、關於莎拉的柳樹這個故事，你覺得印象最深刻的人是誰？印象最深刻的事？

1. _____

2. _____

二、我覺得自己在參與活動時表現的態度？

　　○非常認真　　○認真　　○普通　　○不太認真　　○很不認真

三、閱讀完莎拉的柳樹後，我想要表達什麼想法？

1. _____

2. _____

四、在這次老師帶領創意教學活動中，我最喜歡的活動？（請依序排名）

　　○老師提問題，我自由的回答　　○玩遊戲　　○寫問卷調查

　　○分組討論　　○分組比賽　　○學習單創作

五、關於這次的活動，我覺得自己參與討論或發表的情形？

　　○非常踴躍　　○很踴躍　　○普通　　○很少發言

　　○都沒有發言

六、我希望下次看什麼故事？或有其他想法嗎？

1. _____

2. _____

學習總評量

學生：　　　　　　　日期：

【同儕互評】

○誰有強烈的好奇心？

姓名：

○誰有仔細的觀察力？

姓名：

○誰有敏銳的思考力？

姓名：

○誰有多樣的思想力？

姓名：

○誰有求突破的慾望？

姓名：

○誰有閱讀很多繪本？

姓名：